um encontro **inesperado**

LIZ PASSOS

um encontro inesperado

solisluna
editora

Um encontro inesperado

EDIÇÃO
Enéas Guerra
Valéria Pergentino

PROJETO GRÁFICO E DESIGN
Valéria Pergentino
Elaine Quirelli

REVISÃO DE TEXTO
Maria José Navarro

Dados Internacionais de Catalogação na Publicação (CIP) de acordo com ISBD

P289e Passos, Liz

Um encontro inesperado / Liz Passos. - Lauro de Freitas, BA : Solisluna, 2019.

112 p. ; 15cm x 21cm.

ISBN: 978-85-5330-014-3

1. Autoajuda. 2. Câncer. 3. Superação. 4. Autoestima. I. Título.

2019-2082 CDD 158.1
CDU 159.947

Elaborado por Vagner Rodolfo da Silva - CRB-8/9410

Índices para catálogo sistemático:
1. Autoajuda 158.1
2. Autoajuda 159.947

55 71 3379.6691 www.solisluna.com.br editora@solislunadesign.com.br

Este livro é dedicado aos meus grandes amores e motivos dos meus maiores e melhores sorrisos: meus sobrinhos Gustavo, Miguel, Lara, Pedro, Marina, Luíza, Geovana e Júlia.

Agradecimentos

Seria preciso muitas páginas para escrever todos os nomes do exército de anjos que tive ao meu lado nessa grande batalha. Seria injusto esquecer alguém, mas, ainda pior, não mencionar os que seguem. Muito obrigada aos meus tios Ivo e Nalva, por terem sido o meu esteio; aos meus pais e irmãos, por serem a minha base, aos meus primos e tios, ao Dr. Alex Pimenta e toda a equipe da Clínica AMO. Aos meus grandes e verdadeiros amigos, a Paula Dultra, que me fez achar a mola no fundo do poço, a todos os colegas e gestores da TV Bahia, que me mostraram a real tradução da palavra solidariedade, ao Padre Fábio de Melo, pelo sustento da fé; a Lilia Gramacho e Ricardo Ishmael, por me mostrarem que era possível publicar este livro; e à Editora Solisluna, por ter provado que era.

Era o ano de 2015. Domingo à noite, hora internacional da depressão, o mês era agosto, aquele que todos dizem ser chato, que só traz más notícias e, embora eu nunca tenha me deixado influenciar por essas crendices, não pude deixar de pensar que toda aquela ambientação contribuía para a guerra que eu travava com os meus pensamentos.

Eu, Liz, 41 anos, solteira, vida financeira negativada e amorosa o mesmo fiasco, me encontrava ali, jogada no sofá do meu pequeno apartamento alugado, a refletir sobre o ponto a que a minha vida havia chegado.

Dizem que a casa dos 40 anos traz com ela uma fase questionadora, reflexiva e que faz você repensar tudo o que já fez, além de perder um pouco da visão. É sério! De um dia para o outro, você começa a enxergar mal, sem o menor aviso.

A vida inteira ouvi essas "lendas", mas só depois de chegar até ali é que descobri, a duras penas, que elas não passam da mais pura, dolorosa e angustiante verdade.

Quando fiz quarenta anos, pensei: "Como assim? Como o tempo passou tão rápido e eu não vi?" Olhava no espelho e me achava até bacana para já ter essa idade, mas o fato é que sim, eu havia me tornado uma loba.

A impressão que eu tinha é que nada do que vivi até aquele momento significou muito na minha vida; é como se, até ali, eu tivesse negligenciado o tempo. Talvez o cérebro tenha entendido que a minha adolescência terminava aos 39 e não lá nos anos 80. Afinal é isso que fui até então: uma adolescente irresponsável, sonhadora e que não realizou nada significativo.

Não plantei uma árvore, não tive um filho e apenas começo essa tentativa desesperada de escrever um livro, não para salvar alguma coisa, mas para tentar alertar quem, por acaso, está apenas passando pela vida, como passei em todo esse tempo.

A síndrome do "começo e não acabo" vinha naquele momento como uma bala fria atravessando o meu peito e fazendo-me lembrar de tantos cursos começados e não concluídos, projetos idealizados, divulgados e interrompidos no primeiro passo. Os cremes para a pele e os ácidos passados pela dermatologista que comprei estourando o cartão e só usei na primeira semana. As matrículas pagas da academia, que frequentei apenas na primeira aula. O título de eleitor que não fui regularizar, a carteira de motorista vencida, o imposto de renda não declarado e as dívidas.

Depois de pensar sobre tudo aquilo, tive vontade de gritar com toda a força dos meus pulmões: *Socorro! Por favor, alguém ajude!* Alguma mudança que mostrasse o que eu deveria fazer para recuperar o tempo perdido, que me ensinasse a ser adulta, madura, e mudar a minha vida. Eu mal sabia que o meu pedido seria atendido, mas não da forma que eu esperava.

Achei que toda aquela bagunça emocional em que me encontrava não podia piorar. Pensei até que bastaria ler umas matérias nos *sites* das revistas femininas e encontrar algumas dicas do tipo "Como organizar a casa e as gavetas de documentos", "Como economizar e sair do vermelho" e então me motivasse para começar a mudança.

A vida sentimental também estava indo de mal a pior. Era impressionante a recorrência de perfis parecidos que surgiam. Eu me apaixonava, ficava por um tempo e terminava sempre da mesma forma. Não me acrescentavam nada, pelo contrário, sugavam de mim atenção, cuidado e depois sumiam.

Cheguei ao ponto de me sentir um agente catalizador de levantamento de autoestima masculina. Os caras apareciam e eu, muito apaixonada, começava a exaltar os seus pontos que me despertavam interesse. Motivava, elogiava, ajudava no que eu podia e, depois de algum tempo, percebia que havia criado mais um monstrinho que ia embora sem olhar para trás. Alguém com uma sensibilidade maior e alguma noção de princípios da psicologia poderia enxergar que, naquele estereótipo de homem que eu já colecionava uns quatro, estava a tradução de uma mulher insegura, que não se achava capaz de encontrar pessoas que pudessem amá-la. Nem precisava de Freud para explicar.

Mas a saga da vida bagunçada continuava. Tudo parecia fora da ordem. Eu sou capricórnio com ascendente em leão e não herdei nenhuma característica favorável desses dois signos. Queria ter o coração duro para não me apaixonar fácil e ser mão de vaca como os capricornianos, mas, ao contrário disso, tenho o "apaixonador" sem filtro e não consigo economizar nada nas finanças. Também poderia ter aquela característica básica do leonino, que é "se achar o melhor em tudo", e andar por aí dizendo que sou o máximo, mas isso também não veio para mim. Sou um caso para estudo astrológico. Entretanto o senso de organização do capricorniano me persegue, sim, e estar no meio daquele tumulto emocional e físico me incomodava demais.

Além desse furacão que tirava tudo do lugar na minha rotina, ainda havia uma questão física que me incomodava. Então parei de protelar e parti para uma investigação. O mês já era agosto e, desde junho, eu vinha fazendo exames para checar essa questão. Na verdade, isso não foi uma decisão de uma pessoa que se cuida e prioriza a saúde, pois eu sempre me deixava para depois, nunca fui muito atenta a essas coisas. Foi um sangramento que continuava após a menstruação que me fez ir até uma ginecologista.

Fiz uma bateria de exames de sangue, mamografia, ultrassom e tudo o que é de praxe nessas visitas médicas. Até aí tudo bem e nada fora dos padrões. A médica só não conseguia fazer o preventivo, porque o sangramento era ininterrupto e a coleta do material seria comprometida. Então ela muito cuidadosa, investigando tudo, resolveu fazer um exame de toque e depois colocou o tal daquele bico de pato para enxergar melhor. Franzindo o cenho disse:

– Esse sangramento não é do útero. É do colo do útero e

pelo exame de toque, vi que ele está muito duro. Vou fazer uma biópsia.

Não importa se esse é um procedimento normal, mas quando falam "biópsia", a pessoa tem um mini-infarto. *Gente! Alguém pode avisar isso aos médicos?* Enfim... eu tremi inteira. Foi aí que o meu mundo caiu pela primeira vez e o medo estava lá à espreita, na hora em que saí daquele consultório.

Dias de espera, ansiedade fervilhando, mas a ideia de um câncer sempre pareceu tão distante de mim, que havia certa tranquilidade na minha angústia. Para confirmar isso, no dia que levei o resultado, a biópsia não acusou nada maligno.

Entretanto haviam outros exames que ainda precisavam ser checados e um deles era o resultado da ressonância. A médica então abriu o envelope, leu o laudo, fez uma cara de pavor e disse:

– Bom, vou encaminhar você para um oncologista.

– Oi? Como assim, doutora? É câncer?

– Precisa investigar.

– Mas a biópsia não deu negativa?

– Foi, mas posso ter colhido pedaços de uma área não comprometida.

A sensação que eu tinha depois de ouvir aquilo era como se eu fosse um sorvete derretendo. Era como se eu não dominasse mais nenhum pedaço do meu corpo. Todas as partes se misturavam e não me obedeciam. Eu havia ido para a consulta sozinha e, se um dia você já desejou um abraço mais que qualquer outra coisa na vida, pode entender o que senti naquela hora. Ali começava a pós-graduação em "Como ser forte e segurar sua própria onda".

O que levou a médica a dizer que me encaminharia para um oncologista é que a ressonância apontou para suspeita de neoplasia, que até então eu não fazia a menor ideia do que significava, mas descobri que é uma denominação para "tumor". Ela resolveu então pedir outra biópsia e essa eu fiz sedada, no centro cirúrgico, para o útero ser melhor manipulado e não haver dúvidas no diagnóstico. O prazo para esse exame ficar pronto era de 10 dias úteis. Acontece que eu fiz no dia 21 de agosto e o resultado só saiu no dia 17 de setembro.

Foram vinte e sete dias de espera. Durante esse intervalo, vivi o pior e mais doloroso período da minha vida, pelo menos era o que eu achava. Não dormia direito, no máximo umas 3 horas por noite. Não comia, chorava a todo momento e acendia velas rezando ajoelhada todos os dias. O meu humor oscilava de uma maneira que eu não conseguia entender ou controlar. Dias eu não tinha vontade de ver ninguém, dias eu encarava a vida normal.

Normal? Não. Nada mais estava normal. A iminência de uma doença que assusta mais que qualquer outra, que só sabemos de más notícias o tempo todo e que parecia tão distante de mim, agora, tão próxima, me tirava do centro.

Enquanto esperava o resultado, resolvi procurar outro médico para ouvir uma segunda opinião. Ele olhou os exames que eu já tinha e disse que talvez fosse um grande mioma, que eu faria uma histerectomia, tiraria os ovários e tudo ficaria bem. Pediu-me para não ficar tão preocupada, pois o meu estado estava digno de pena, e que eu devia aguardar com tranquilidade o resultado da biópsia.

Saí da consulta mais aliviada e cheia de esperança, mesmo que ele não tivesse dado certeza de nada. Mas o fato é que a espera continuava e a minha ansiedade também.

Afastei-me das redes sociais, escrevia pouco no *blog*, que é a minha maior paixão, evitei sair, senti falta de pessoas que não via há tempos, preferi me afastar de outras que estavam perto, mas não me faziam bem. Quando dei por mim, um processo de transformação genuíno estava começando a acontecer.

Tudo passou a ser pequeno demais diante da possibilidade de ter um câncer. Nada mais era tão significativo a ponto de me irritar, nada mais conseguia tomar tanto os meus sentidos. Tudo se apequenava.

Eu olhava o céu e o mar e mesmo diante de toda aquela beleza, uma sombra maior estava ali ameaçando chegar até a mim. Eu ouvia as músicas que gosto, mas o som do meu inconsciente, dizendo que eu poderia estar doente, era muito mais alto... Nada fazia muito sentido.

Só rezar me acalentava. O melhor momento do dia, o mais tranquilo e que me fazia esquecer um pouco de tudo, era quando eu ajoelhava diante do meu pequeno altar e me entregava em longas conversas com Jesus e Nossa Senhora. Alguns dias eu não conseguia nem rezar. As palavras me fugiam, o choro dominava a garganta, então ia para o

YouTube e ouvia as músicas ou as pregações do padre Fábio de Melo, além do seu programa "Direção Espiritual". Padre Fábio foi um refúgio, uma força, um companheiro que se tornou amigo. Mesmo sem saber da minha existência, ele me ajudou a levar o barco quase naufragando. Qualquer coisa que ele dissesse já me acalmava o coração.

O meu peito ardia de tanto desespero. Na metade do tempo, eu achava que o tumor era maligno; na outra metade, eu achava que não seria. Mesmo quando acreditava não ser, me sentia culpada por estar criando esperanças. Sim, eu estava à beira da loucura.

Foi então que, finalmente, chegou o tão esperado resultado da biópsia. Era uma tarde de quinta-feira quando o laboratório ligou, dizendo que o exame estava pronto. Eu fui buscar na sexta, dia 18 de setembro, e mantive o envelope fechado dentro de casa até chegar segunda-feira, dia 21, quando eu teria uma consulta com o segundo médico que consultei e me daria o veredito.

Acordei cedo, comecei a me arrumar para ir ao trabalho. A consulta seria só às 14 h. Olhei o meu armário e, embora ele seja cheio de peças pretas, porque adoro essa cor, quis usar um *jeans* e uma blusa branca, para que o preto não pesasse. Coloquei no pescoço o crucifixo que um amigo me trouxe da Terra Santa e saí de casa.

Durante toda a manhã, a minha família ligou preocupada em saber com quem eu iria para a consulta. E eu, com a minha eterna mania de não gostar de incomodar, disse que iria sozinha... ou melhor, com Deus!

Havia chegado a tão temida hora da verdade e eu, enfim, saberia o que estava acontecendo comigo e com o meu corpo. Entrei no consultório depois de algumas horas na sala de espera e sentei de frente para aquele médico que me acolheu tão bem da primeira vez e que eu achei que resolveria o meu problema de uma forma rápida e simples. Mas eu achei errado.

O Dr. Alfredo Britto estava ali para me dar a sentença. Não vou lembrar ao certo como foi o nosso diálogo. Só me lembro dele dizer algo como "realmente, não é um mioma e eu vou lhe encaminhar para um oncologista". A partir daí, as minhas pernas não pararam de tremer. Sim, o diagnóstico confirmava um câncer.

Eu já chorei muitas vezes nessa vida. Aliás, sempre fui muito chorona, mas aquele choro que saía de mim, naquele momento, era diferente. A dor vinha das entranhas, do coração ou de algum lugar que não sei explicar bem qual é. Eram lágrimas de desespero. Saí do consultório aos prantos, com o médico, muito cuidadoso, tentando me acalmar em vão. Só ali entendi a preocupação da minha prima, que estava viajando, em não querer me deixar ir sozinha. A médica havia comentado com ela que havia 80% de chance de ser um câncer. Entrei no carro e levei alguns minutos para entender que precisaria colocar a chave na ignição para ligar. As lágrimas quase tomavam a minha visão.

Errei o caminho sem ao menos saber para onde eu deveria ir. Pensei em me direcionar para a casa da minha tia, onde poderia ter o apoio da família, pois os meus pais e os meus irmãos moram no interior, mas o instinto acabou por me levar para a minha própria casa. Quando entrei no meu apartamento e tranquei a porta, eu chorava tanto que fiquei com medo de ter algum treco e cair dura ali no chão. Seria ridículo dizer que o motivo do óbito nem chegou a ser o câncer, mas a notícia de que ele existia.

Depois de alguns minutos de transe e tentando retomar a lucidez, entendi que eu precisava fazer algumas coisas práticas, como avisar no trabalho que eu não voltaria naquela tarde, marcar um oncologista e escolher quem seria a primeira pessoa da família a quem eu contaria sobre o diagnóstico que, na verdade, eu nem sabia explicar muito bem.

Sabia que era um câncer, mas não sabia de que tipo, tamanho ou proporções de cura. Mas quem se importava com esses detalhes ao ouvir que alguém tinha um câncer? Eu, por exemplo, nunca me informei sobre os tipos e tudo o que a doença significava.

Eu precisava contar a algumas pessoas. Liguei para a minha tia Nalva, que vinha acompanhando todo o processo comigo e que é quase ou mais que uma mãe pra mim. Foi tão desesperador dar aquela notícia para quem eu amava quanto recebê-la. Depois dela, liguei para Junior, o meu irmão mais velho, e lhe contei, também pedindo que ele se encarregasse de dar a notícia para os meus pais, para Marcinho, o meu irmão mais novo, e todo o resto da família.

Desliguei e continuei ali no chão da sala... eu e uma tristeza que não me era familiar. As tristezas que conheci, nem de longe se pareciam com aquela.

Desde o momento que soube que era um câncer, a paranoia de achar que ele já estava se espalhando por vários lugares começou.

Foi então que liguei rapidamente para a minha amiga Paula Dultra e lhe contei, pedindo ajuda para marcar um oncologista. Paula já teve um câncer de mama e venceu lindamente. Hoje ela é muito engajada com a causa do diagnóstico precoce, mantém um *blog* que fala do assunto, e é assessora de comunicação de uma das melhores clínicas de atendimento ao câncer, em Salvador, a clínica AMO, a qual eu conheceria em breve.

E eu liguei:

– Amiga, preciso da sua ajuda para marcar um oncologista.

– O que aconteceu?

– Fui diagnosticada com um câncer (falei aos prantos).

– Calma! Onde você está?

– Em casa.

– Tô indo aí agora.

Embora eu tivesse protestado para ela não vir, por não querer incomodar, em dez minutos ela estava na minha casa. Foi ela quem me deu o abraço de amparo que eu tanto quis durante todo o processo de espera e no desespero da confirmação.

Depois que consegui controlar o choro e a respiração, sentamos, e ela toda serena começou:

– Vamos lá. Do que você tem medo?

– De sentir dor.

– Não tem dor!

– De vomitar.

– Eu não vomitei nenhuma vez.

– De ficar careca.

– E daí? Tem turbante, lenço, peruca...

Então ela começou a falar sobre tudo de uma forma bem racional e prática. Foi tirando várias dúvidas que eu tinha, falando como seria todo o processo e afirmando que eu estaria em excelentes mãos na clínica que ela me levaria.

Pegou o celular e já foi ligando para marcar a minha consulta, a princípio com uma médica que atende casos ginecológicos, pois só depois descobriríamos o tipo do meu câncer e para quais mãos eu iria. Nunca vou esquecer a forma como Paula abraçou e cuidou da minha dor. Depois desse dia, ela se tornou uma espécie de *personal cancer consulting* (também nunca ouvi falar dessa função, inventei agora) e alguém com um lugar muito especial no meu coração.

Era uma segunda-feira. Ela marcou a consulta para a quarta, e eu tinha uma terça inteira para que a ficha caísse e me acostumasse com essa mudança brusca na vida.

Os meus tios e primos chegaram à minha casa assim que puderam e não me deixaram dormir sozinha naquela noite. Levaram-me para a casa deles e me deram um remedinho para dormir, senão eu passaria a noite inteira chorando. A grande verdade é que a minha família, em especial minha tia Nalva, foi um dos pilares na qual me ergui para começar a enfrentar o que viria pela frente.

O dia da consulta chegou e lá estava eu na sala de espera de uma clínica especializada em atendimento ao câncer, acompanhada da minha prima Elaine e, claro, de Paula. Elas foram para me dar apoio e entender o que, seguramente, eu não prestaria atenção, por conta do meu estado ainda torpe.

Antes de chegarmos até esse médico, Paula mostrou o laudo da minha biópsia para uma médica, e ela disse que seria com um hematologista; até então eu achava que era um câncer no colo do útero, já que o tumor estava por lá.

Pois bem, lá estava eu na clínica AMO! A recepcionista chamou o meu nome e avisou que era a minha vez de ser atendida.

Abri a porta da sala, enquanto as minhas acompanhantes vinham logo atrás de mim, e dei de cara com o médico. Mesmo na confusão em que me encontrava, não pude deixar de pensar: "Paula tá de sacanagem comigo! Eu aqui toda encalacrada com um câncer e ela me manda para esse guri?" Ele parecia muito novo. Não sabia a sua idade, mas tive vontade de perguntar se já havia completado 21 anos, se já tinha habilitação, enfim, qualquer coisa que me desse mais confiança diante daquela figura tão nova. Tá! Pode ser que eu esteja exagerando um pouco e você nem o ache tão novo, mas é que eu já havia idealizado um estereótipo bem parecido com o Dr. Dráuzio Varela, e as minhas expectativas foram frustradas.

O fato é que não precisei perguntar nada sobre a idade dele. A competência, segurança e delicadeza daquele médico descartava qualquer insegurança. Em cinco minutos de conversa eu já sabia que ele havia nascido para fazer exatamente aquilo que fazia. Eu via um dom.

Estava ali diante do Dr. Alex Pimenta, o médico que me explicaria de forma clara o que eu tinha e como funcionaria o tratamento. Ele foi logo dizendo que a minha doença tinha nome e sobrenome.

– Você tem um Linfoma não *hodgkin* de grandes células B.

Confesso que isso não me esclareceu muita coisa até ele explicar que se tratava de um câncer que ataca o sistema linfático e, embora o meu tumor estivesse no colo do útero, o problema não estava naquele órgão. Ali foi só onde ele nasceu e, portanto, seria desnecessária uma cirurgia.

Eu não conseguia entender como era possível deixar um tumor dentro de mim, sem retirar nada, mas só depois das explicações do meu médico e de estudar a doença, pude compreender melhor.

Dr. Alex é o tipo de médico que tem um pouco de professor. Ele pegou uma folha em branco e foi desenhando toda a situação. Começou descrevendo a minha idade, depois o tipo da doença, depois detalhou o processo inicial chamado de "estadiamento", para enfim contar como seria o tratamento, prevendo as sessões de quimioterapia e radioterapia, se houvesse necessidade. No final da folha onde ele escreveu todos os detalhes, finalizou com a palavra CURA, que era aonde chegaríamos depois de todo o processo. Foi nessa simples palavrinha, nessas pequenas quatro letras com significado tão grandioso, que me apeguei e foquei.

Saí daquela consulta não mais carregando o peso de um câncer nas costas, mas entendendo que eu tinha um problema e que teria ferramentas para resolvê-lo. As coisas ficaram mais claras, menos mórbidas e sombrias. Deus me abraçava naquela hora e dizia:

– Viu que mandei um excelente médico para cuidar de você?

A batalha havia começado. A partir daquele dia, comecei os exames que antecederiam a quimioterapia. Biópsia da medula, tomografia, ecocardiograma, sorologia, *pet scan* e todo o acompanhamento necessário.

Fechei os olhos para todos esses exames chatos e cansativos, coloquei a tristeza em algum canto, joguei um tapete em cima dela e fui lá ao fundo do poço procurar a coragem e a mola que me impulsionaria para a batalha. A todo instante, eu pegava aquela folha com a letra do Dr. Alex e direcionava os meus olhos para o final dela, onde lia: CURA.

Eram tantos exames, tantas coisas para pensar e providenciar que o medo saiu da minha agenda. Afinal, eu estava sem tempo até para ele.

"A realidade é mais estranha do que a ficção, porque a ficção precisa fazer sentido."

Mark Twain

Embora eu já tivesse tomado pé da situação, ainda não havia encarado o adversário nos olhos. Sabia que iria começar a lutar contra ele, mas ainda relutava a me colocar de frente.

Foi então que, em uma das muitas noites que passei em claro, depois do diagnóstico e antes de começar o tratamento, fiquei olhando para o teto, e esse encontro não pôde mais ser evitado. Em um diálogo que muitos podem considerar alucinação, loucura, sonho ou simplesmente idiotice, me peguei conversando com o linfoma:

– Olha, eu sei que você está aí. Respeito a sua força e sei que você pode ser cruel, mas peço que respeite também a minha vontade de viver e tudo que ainda preciso fazer, incluindo as mudanças que quero para minha vida. Preciso recomeçar e ser feliz.

Não ouvi nada. O que quer que estivesse ali dentro de mim estava mudo, sem dizer uma só palavra. E eu continuei:

– Não lhe perguntei em nenhum momento "por que eu?". Não questionei o motivo de você vir, mas no fundo tenho muitas perguntas. Não é o "por quê", mas o "pra que". Pra que mudar a minha vida de uma forma tão brusca e cruel? Pra que me fazer passar por um processo tão dolorido? Pra que me atingir das formas mais sofridas possíveis? Pra que destruir a minha vaidade levando até os meus cabelos embora? Pra que? Pra que?

Em meio aos soluços do meu pranto, ele respondeu:

– Você tem excelentes perguntas e todas elas merecedoras de boas respostas. Mas elas não são direcionadas a mim. Quem pode responder a todas elas é você.

Parei de chorar na hora e me irritei.

– Ah, tá! Você acha que eu tenho a resposta para essa crueldade? Você acha que eu faria a minha vida mudar dessa forma?

Então ele se pronunciou novamente:

– Você pediu tanto uma mudança, gritava internamente que deveria acordar para a vida, sofria vorazmente por qualquer situação boba, reclamava de tudo. Várias oportunidades para mudar foram dadas, mas não aproveitadas. Não que esta seja uma represália, mas talvez dessa vez você não tenha muita escolha, não é mesmo?

A minha irritação aumentou:

– Quer dizer então que além de me detonar você ainda é sarcástico? Tá achando engraçadinho tudo isso, né?

– Não estou achando engraçado, apenas tentando lhe mostrar o que você quer ver. Procure as respostas dentro de você. Certamente será a forma mais madura para encarar tudo o que vem por aí e aprender o que você precisa.

– Isso é uma ameaça? – perguntei com medo da resposta.

Ele não respondeu mais e eu fiquei desesperada. Gritei a mesma pergunta umas duas vezes e não houve resposta. Comecei a chorar muito e uma dor na barriga apareceu. Gelei.

– Por favor, me responda só isso: essa dor que senti agora é você se espalhando pelo meu corpo? Eu vou ser toda tomada por você? Me fale, por favor! Eu preciso saber pelo menos isso.

– Relaxe, mulher! Isso são apenas gases. Tente dormir.

Ele tinha razão. Fiquei mais aliviada e adormeci.

Não sei se isso acontece com todas as pessoas que descobrem um câncer, mas eu desenvolvi uma paranoia em achar que qualquer pontada, dor ou unha encravada que aparecia, era sinal que a doença estava se espalhando. Passei um fim de semana inteiro sentindo uma dor no lado esquerdo da barriga e me desesperava achando que poderia ser o câncer se espalhando.

Tentei em vão perguntar ao linfoma se era ele, mas não logrei êxito na resposta. Ele continuava calado. Mandei *e-mail* para Dr. Alex que, pronta e delicadamente me respondeu que ainda não era possível atribuir esses sintomas ao linfoma, que poderia ser algo causado pela ansiedade também. O impressionante é que, depois de ler a resposta dele, a dor passava, eu me acalmava e seguia.

Depois foi a vez de uma dor na perna surgir. Era na articulação entre o quadril e a perna. Novamente desespero! Até notei que poderia ser a cadeira mal adaptada da minha mesa de trabalho, mas a paranoia e a ignorância me induziam a imaginar que era o câncer passando para os ossos.

Novamente perguntei ao linfoma se era ele, ao que ele respondeu:

– Pergunta para o Dr. Alex. Você e ele não estão unidos para me expulsar daqui?

Dessa vez, quem o deixou no vácuo fui eu. Não respondi à grosseria, mas segui o conselho e mais uma vez consultei o meu médico, que novamente me tranquilizou e a dor desapareceu.

Quando se recebe um diagnóstico como esse, é normal a ficha demorar a cair. Algumas pessoas levam muito tempo na fase da negação, o que dificulta o processo de tratamento, pois elas sofrem com tudo e por tudo. Não estou dizendo que a doença é fácil, mas a aceitação é fundamental para estabelecer a forma como você irá lutar. Essa "negação" só esteve em mim antes de receber o veredito.

A essa altura, eu já estava na fase do reconhecimento do terreno em que iria pisar e já conhecendo todas as etapas, mas ainda tinha uma missão que para mim era difícil.

Eu precisava contar para as pessoas! Além da minha família, da minha equipe do trabalho, das duas amigas mais próximas e de Paula, ninguém mais sabia. O meu receio em contar, nem era por ser uma notícia chata ou por ter que ficar revivendo o diagnóstico, mas era o medo de lidar com pessoas negativas, que acham que câncer significa doença terminal, sentença de morte e que a criatura está fadada ao fim. Definitivamente queria me poupar dessa energia negativa em torno de toda a positividade que eu construía um pouquinho a cada instante.

Durante os vinte e quatro dias entre o diagnóstico e o início do tratamento, eu havia encontrado um limiar de convivência com o linfoma. Tinha os meus momentos de fraqueza, principalmente à noite, quando ficava sozinha e começava a ter pensamentos ruins, mas, na maior parte do tempo, comecei a ter uma força que nem sabia que poderia ter. Se você tem fé e acredita em Deus, vai entender quando eu digo que essa força vem Dele.

Deus me respondia o tempo todo, de diversas formas e até usando pessoas, neste caso em especial, o padre Fábio de Melo, por meio das suas palavras e de suas músicas. As respostas vinham quando eu ameaçava resvalar pelo desespero e a força reaparecia ao ouvi-lo. Como foi importante esse nosso vínculo... ainda que unilateral.

Eu estava muito afastada das redes sociais desde que soube do diagnóstico. Tenho um *blog* que criei em 2009 – ibahia.com/coisasdeliz –, após o fim de um relacionamento que me fez sofrer muito. Resolvi escrever para compartilhar as minhas experiências e as que ouço por aí. Além disso, é lá que deixo o meu lado romântico falar.

Escrevo textos onde derramo o que um coração sente quando ama, mesmo quando não estou amando. A inspiração é natural e nem sempre de vivências minhas. Desde que criei o *blog*, nunca deixei de alimentá-lo semanalmente. Escrever me renova, me faz respirar melhor e o retorno que recebo das pessoas que o leem é um prêmio imensurável. Nunca recebi dinheiro de publicidade ou salário para escrever lá, mas cumpro rigorosamente a tarefa de alimentá-lo.

Nesse ponto da minha vida, apareceu o linfoma, e ele foi capaz até de me calar por certo tempo. Não sentia vontade de sentar e escrever, não havia inspiração ou tempo para isso, já que eu vivia correndo de um lado para outro, fazendo exames e indo às consultas.

Os leitores começavam a mandar mensagens e *e-mails* perguntando por mim e pelos textos. Reclamavam da falta dos *posts* e diziam sentir saudade. Eu também sentia, muita, mas não conseguia contar o que estava acontecendo por vários motivos. Medo de acharem que eu ia morrer, medo de eu mesma achar que ia morrer, medo de que as coisas mudassem e nos afastassem. Muitos medos. Mesmo sem explicar nada para eles, só fui retomar as publicações depois de certo tempo.

Resolvi que iria contando aos poucos às pessoas. Pedi até o apoio de algumas amigas, para irem dando a notícia para os grupos que tínhamos em comum. Era sofrido ter que contar e, ao mesmo tempo, ficar dizendo que eu não ia morrer, que o problema tinha cura e que logo eu ficaria boa. Às vezes me perguntava se eu relatava tudo aquilo para a pessoa ou para que eu mesma pudesse acreditar nisso o tempo inteiro.

Demorou certo tempo até contar para todos. Na minha primeira sessão de quimioterapia, quase ninguém sabia ainda, mas fiz como o meu coração mandou. Eu só queria pensamentos positivos naquele momento.

Você pode não acreditar, mas existem pessoas que têm preconceito com quem é acometido por um câncer. Parece surreal, mas tem. Acreditam que aquele ser que toma doses de bombas químicas para tratar um tumor, nunca mais será o mesmo.

E não será mesmo. Mas no melhor sentido possível. É improvável alguém passar por essa doença sem ter se transformado, mas para melhor. Seja lá qual for o seu destino.

Eu estava solteira há um bom tempo, mas ficava imaginando, se estivesse namorando, como seria dar essa notícia para a pessoa. Será que esse cara iria me apoiar, ser parceiro, ficar comigo nos momentos ruins também?

Me peguei imaginando, dentre os poucos relacionamentos que tive, quem entraria no barco comigo ou quem não enfrentaria a tormenta. Acabei desistindo de ficar levantando essas hipóteses. Afinal, de que adiantaria acordar o passado naquele momento?

Ter um companheiro me fez muita falta, sim. Por outro lado, o câncer não faz sofrer apenas quem o tem, mas todos que estão ao redor. E, do jeito que me preocupo tanto com os que amo, seria mais um para me preocupar em ver sofrer.

Outra questão delicada seria a vaidade afetada por uma aparência distorcida pelos efeitos colaterais da quimioterapia. O cara que continuar do lado de uma careca, cheia de olheiras, debilitada e desprovida de qualquer beleza, pode segurar e não soltar mais nunca, porque é amor com toda certeza.

Também não havia nenhum amor platônico e, se houvesse, talvez me deprimisse, pelo fato de ter que me afastar e perder o contato. Foi melhor assim. Estar com a cabeça livre me ajudou a focar ainda mais no meu objetivo: a cura!

Em meio ao caos que aos poucos se transformava em calma, eu também ia me transformando. Era como se eu tivesse superpoderes, com os sentidos todos muito aguçados. Ouvia melhor as pessoas, via melhor o que estava ao meu redor, sentia melhor todas as experiências. Tudo passou a ser pequeno demais diante do que eu tinha a enfrentar. Nada mais era urgente, preocupante ou me irritava.

Pessoas que não eram tão próximas tornaram-se constantes, mandando mensagens de força e palavras de carinho; já outros, que eram próximos e que eu gostava, se afastaram. Mas eu já esperava isso; é normal nesse processo. É o momento em que você começa a enxergar de verdade questões como gentileza e até caráter.

Pode parecer que estou me queixando, mas não estou. Esse filtro é maravilhoso, porque você só vai ter por perto quem realmente vale a pena.

No início até fiquei triste, mas aí parei para pensar melhor e resolvi que nada mais valeria a minha tristeza. Comecei a entender que lágrimas e depressão alimentavam o linfoma e resolvi não dar essa moleza para ele, que por sinal continuava lá caladão, mas, vez ou outra, me fazia ir em busca das respostas que eu precisava.

Comecei a racionalizar tudo. Parecia que eu havia saído de mim para me observar de longe e pensava "mas que quantidade de merda você fez até aqui, Liz". O linfoma concordava, e eu ficava com raiva dele. Mas o fato é que só agora eu conseguia ver, realmente, o que fiz da minha vida... isto é, quase nada. Claro que eu tinha um emprego legal, amigos queridos, uma família que me amava, experiências boas de alguns relacionamentos, mas a questão não envolvia nada disso.

O que eu via agora, de fora do meu corpo, era uma mulher que sempre foi infeliz. Havia sempre um problema de ordem financeira, sentimental, psicológica ou até mesmo banal que me impedia de sorrir, de levar a vida de forma leve. Eu sempre fui muito séria, geniosa, reativa e impaciente com tudo e todos. Obviamente eu cultivava um lado legal também. Afinal, ninguém é só a parte ruim. Na verdade, eu fazia muito mais mal pra mim que para as pessoas.

Agora sim, eu conseguia ver isso com mais clareza. O linfoma sorria e se achava o máximo por isso, mas eu ignorava a alegriazinha dele. O entendimento de tudo o que fui e fiz vinha agora de uma maneira clara, embora em um momento tão turvo.

Os dias iam passando e chegou a data de mais uma consulta com Dr. Alex, na qual ele olharia os exames e marcaria a primeira sessão da quimioterapia. Levei o calhamaço de laudos e ele constatou que o coração estava bom para receber as bombas, o pulmão também, nenhuma doença apontada nos exames de sangue e assim a primeira batalha poderia ser marcada. Esses resultados satisfatórios favorecem bastante o paciente. Afinal, não há nenhum problema que atrapalhe o tratamento. Em outras palavras, "manda descer a quimio pesada". Meu médico começou a explicar como seria todo o processo ao tomar a medicação, as substâncias que seriam injetadas e os efeitos que elas poderiam me causar.

A única coisa que eu pedia é que ele colocasse, dentro dessas bombas, alguma coisa que não me fizesse enjoar e vomitar – tenho pavor de vomitar –, mas essas medicações já estavam previstas. Havia outro efeito colateral que colocaria em cheque a minha, até então bem conservada, serenidade. Aquele que atacaria de forma cruel e dolorosa uma mulher que nunca teve autoestima, uma mulher que só saía de casa com os cabelos escovados e que sempre se escondeu atrás deles para disfarçar as imperfeições e se fazer um pouco mais apresentável. A combinação de duas das substâncias da quimioterapia fariam o meu cabelo cair. Ele me disse isso de uma forma muito natural não me dando espaço para reagir e continuando a explicação, mas na hora senti virem as lágrimas. Talvez ele tenha percebido e completou:

– Não se preocupe, pois nasce de novo. Você não vai ficar careca pra sempre.

Ali, de frente para aquele médico que me daria o arsenal de drogas para me tratar, resolvi segurar o choro e me comportar como uma mulher segura e madura. Afinal, o que era perder os cabelos diante da possibilidade de me curar do linfoma? Nada, né?

Enquanto Dr. Alex falava o que seria a quimioterapia, tudo parecia simples, embora não parecesse fácil, e aos poucos, fui derrubando os mitos que eu havia construído e consolidado na mente acerca do que eu ouvia sobre esse tratamento. A cena antológica do ator Campbell Scott no filme "Tudo por Amor", chegando das sessões de quimio e indo direto vomitar, tremendo de febre e dor, foram completamente destruídas com a fala do meu médico. Ele disse para não acreditar naquilo. Eu obedeci. Dr. Alex tinha o dom de me acalmar, e eu acreditava em tudo o que ele dizia, pois aumentava a minha crença na cura.

A consulta acabou e eu saí dali já sabendo qual seria o dia do início do tratamento. O primeiro dos seis ciclos previstos seria 14 de outubro. Comecei a resolver as minhas pendências, acertar no trabalho o período da minha ausência e a me alimentar melhor, pois precisava estar forte para o dia da quimio.

Por coincidência, na semana que começaria o tratamento muitas pessoas da minha família estariam perto, mesmo os que moravam bem distantes. Então essa energia de amor e orações de todos eles já me fortalecia bastante.

Sorrir é uma arte como
qualquer outra.
Mesmo sem condições favoráveis,
é possível exercer o dom.

Na noite anterior ao início das quimios, quando deitei a cabeça no travesseiro, fiquei pensando na mudança que viria pela frente. Apesar de haver um tumor no colo do meu útero, fora o sangramento, eu não sentia absolutamente nada. O meu corpo funcionava aparentemente normal, e eu não sabia como seria depois que começassem a injetar tantas drogas na minha veia. Entreguei a Deus e fui tentar dormir.

Acordei meio ansiosa, mas confiante. Dei bom-dia ao linfoma, mas ele não respondeu. Tomei café, peguei as minhas coisas e Leila, a minha prima, nos levou – eu e a minha mãe – até a clínica AMO.

Era chegada a hora. Nem nos pesadelos mais sombrios imaginei que um dia iria me submeter a sessões de quimioterapia, mas o fato é que eu estava ali e precisava encarar mais aquele desafio de frente.

O espaço onde a medicação era administrada não tinha nada de feio, mórbido, sequer havia "cheiro de hospital". Esta unidade da clínica fica em um dos bairros mais alegres da cidade, o Rio Vermelho, e a clínica fica em um prédio antigo, estilo colonial, que possui uma beleza imponente por fora e acolhedora por dentro. Todos que trabalham lá fazem você se sentir muito querido e protegido.

Entrei e fui logo conhecendo o grupo da enfermagem. A primeira sessão de quimio é mais demorada, pois a medicação desce mais devagar, para que sejam observadas as reações e também para que eles expliquem todo o processo que se seguirá.

A enfermeira Viviane foi a responsável por me explicar tudo: o que a medicação causaria, as possíveis reações e o que eu deveria fazer para evitá-las, como eu deveria agir em situações que inspirassem cuidado. Enfim, falou tudo que era preciso saber. No final, ela ainda indicou uma loja de perucas e lenços.

Vivi fazia a quimioterapia parecer algo tão simples como tomar um café com um amigo, mas isso nem de longe significa que ela não saiba a importância daquele processo. Vivi é mais um daqueles anjos que têm o poder de acalmar qualquer desespero. Sorriso largo, alta, linda e engraçada... essa é Vivi!

Depois de ter tomado a medicação para enjoo e os antialérgicos que antecediam a quimio, finalmente era a hora das bombinhas entrarem em mim. Olhei para o enfermeiro que pendurava todos aqueles potes imensos no suporte e vi que dois deles vinham cobertos com uma capa laranja. Pensei comigo: *o troço deve ser tão feio que nem mostra a cara*!

Enquanto ele preparava o aparelho que programa o tempo de descida de cada um, mais conhecido como "bomba", tentei falar com o linfoma.

– E aí?

Ele respondeu com o mesmo sarcasmo de sempre:

– Tô de boa.

– Eu estou com medo.

– Jura? Quer desistir? Vou adorar continuar aqui.

– Nem se anime! Você precisa ir embora.

– Eu irei. Mas antes de ir, ainda teremos um tempo juntos e quero muito saber tudo o que você vai aprender nesse processo.

– Eu já estou aprendendo, pode ir embora logo.

– Não é tão simples assim.

– O meu medo está aumentando.

– Pode ter certeza que vai doer muito mais em mim que em você. Eles vão começar a me atacar. Pena que são péssimos de alvo e vão atacar você também.

– O que eu faço?

– Relaxe e força!

– Obrigada. Desculpe não poder dizer o mesmo para você.

– Fique tranquila que eu entendo.

Chegou o momento. A primeira quimio começou a descer e eu comecei a chorar. Era um choro de medo do que estava por vir; era um choro de arrependimento por todas as vezes que fechei os olhos pra mim; era um choro de solidão, embora a minha mãe estivesse ali ao meu lado; era um choro de querer acordar de um pesadelo e não conseguir.

Veio uma enfermeira. Outro anjo, mas esse se chamava Paola. Ela se ajoelhou perto da cadeira que eu estava, acariciou a minha mão e com a voz mais doce do mundo, disse:

– Por que esse choro? Não chore.

Eu não consegui sequer menear a cabeça, muito menos dizer todos os motivos. Ela continuou:

– Aliás, chore. Se estiver com vontade chore, mas não por muito tempo, combinado?

Aceitei a proposta dela. Comecei a rezar, segurei o terço na mão que estava livre, no fone de ouvido padre Fábio cantava "Espírito Santo vinde orar em mim... vinde curar, vinde libertar nossos corações de toda opressão [...]" e a força começou a chegar. Tudo transcorreu sem maiores problemas; apenas uma paradinha porque o anticorpo coçou um pouco a minha garganta e parecia que ia desencadear alguma alergia. Os enfermeiros, muito cuidadosos, interromperam a imersão da quimio, para que a reação passasse, e depois retomaram com a medicação descendo ainda mais devagar. Depois disso, tudo tranquilo. Se é que posso usar essa palavra.

Além do grupo de enfermagem, que entrava a cada minuto no espaço em que eu estava, para medir pressão, temperatura, batimentos e outras coisas, uma psicóloga também veio para saber como eu estava me sentindo. Eu pensei em dizer que estava desesperada, que queria fugir para as montanhas, que queria acordar do pesadelo, mas me limitei a dizer que estava tudo bem e no fundo, estava.

A psicóloga Marcela, muito querida, continuou a me fazer várias perguntas, para entender como andava a minha cabeça, e depois me deu muitas dicas do que fazer para que o tratamento não fosse tão pesado. A cada minuto, eu amava mais aquele lugar.

Finalmente acabou aquela primeira batalha. Eu havia entrado lá na clínica às 8 h 30 min e somente às 18 h 30 min estava saindo de lá. Foi um dia longo, mas, ao contrário do que pensei, não saí de lá depressiva, passando mal ou revivendo as cenas do paciente do filme "Tudo por Amor". Saí bem, cheguei em casa fraca, mas feliz em ver todo mundo e até consegui jantar.

A noite foi tranquila e, no primeiro dia pós, nenhuma reação. Após esse primeiro ciclo tive uma leve náusea que foi administrada pela medicação, tontura, leve fraqueza, uma prisão de ventre que me causou uma trombose nas partes baixas e um mal-estar constante. Algo que fazia você sentir saudade das condições normais do seu corpo, sabe? Esse mal-estar constante seria a minha realidade diária para os próximos meses.

Os oito primeiros dias foram mais chatos, mas depois só precisei administrar, para não haver nenhuma intercorrência séria. Fiquei na eterna vigilância para combater as aftas (a boca estourava inteira com pontos inflamados), para o intestino funcionar bem, comer a cada 3 horas e de forma saudável, não usar alimentos frios ou quentes demais, enfim... atenta a tudo e a todo instante.

Meu corpo, minha saúde

A maioria das pessoas tem mania de achar que é saudável. Acreditam que só quem fica doente é o vizinho, o amigo, o parente. Prazer, essa era eu. Até que sempre fui muito saudável mesmo para o nível de desleixo que tinha comigo. Metade da minha vida sempre foi fazendo dieta, mas daquelas mais loucas possíveis. Sempre odiei salada, verduras, legumes. No meu mundo perfeito, eu só precisaria de pão, a coisa que mais amo na vida. Não por coincidência o meu nível de ferro sempre foi muito baixo. Afinal, não há organismo que consiga se virar sozinho sem receber o combustível que precisa. Água? Não sei como foi possível, mas durante 41 anos eram dois ou três goles quando acordava e mais uns três ou quatro no resto do dia. Os sinais desses descuidos eram externamente claros: pele cheia de espinhas, cabelos fracos e sem brilho, unhas frágeis, olheiras e uma expressão sempre cansada. Mas, obviamente, eu achava que esses probleminhas deveriam ser tratados apenas no salão e com procedimentos estéticos.

Comer, para mim, sempre foi algo meio traumático por conta de episódios da infância. Eu tinha sérios problemas para almoçar. A minha refeição preferida é o café da manhã. Almoço e jantar nunca me atraíram muito. Na fase dos meus seis a sete anos, a hora do almoço era o pior momento do dia, pois já que eu não gostava de comer, a minha mãe, em sua brilhante psicologia, me enfiava a comida goela abaixo, ameaçando castigo e palmadas, o que invariavelmente acontecia. Alguns dias eu preferia me render à surra a ter que encarar a comida que eu não gostava. Isso desenvolveu em mim um certo pavor e trauma.

Foi assim que vivi até aparecer o câncer, sem valorizar a importância de cada refeição. Depois disso, tudo iria mudar. Antes de começar o tratamento, a clínica AMO faz uma palestra para o doente e seus familiares; nesse momento, eles explicam tudo que vai mudar e impactar na vida dessas pessoas, tudo mesmo. E, claro, um dos capítulos mais importantes era o que falava sobre a alimentação. Ali a minha forma de entender e escolher o que entraria no meu organismo mudou para sempre.

As frases ressoavam na minha cabeça: *o corpo precisará de toda a sua força e resistência para segurar os efeitos da medicação; refrigerantes não poderão ser consumidos, gorduras abolidas para não sobrecarregar o fígado, que terá um papel fundamental durante o tratamento; doces e sobremesas devem ser consumidos com muita cautela e uma vez ou outra; verduras, legumes e frutas precisam estar no cardápio de todos os dias; os alimentos devem ser extremamente bem lavados, por conta da imunidade que estará muito baixa; você deve beber, no mínimo, três litros de água por dia, para que o seu organismo libere logo a medicação que foi administrada.*

Pela primeira vez na vida, eu havia decidido ser uma aluna aplicada, aquela que segue tudo que o seu professor pede. Eu queria fazer o meu "dever de casa" bem direitinho, do jeito que eles orientavam. Foi então que me vi abrindo mão da minha tão amada, idolatrada, salve salve, coca-cola, colocando no prato folhas, verduras, feijão, proteína e todos os nutrientes que eu precisava. Comia frutas todos os dias, pelo menos umas duas vezes, e adotei uma companheira inseparável que me acompanhava por todos os cantos da casa e em todos os lugares que eu fosse: a minha garrafinha rosa de água, à qual me apeguei como se fosse uma pessoa. Além de saber que era essencial me hidratar para limpar o organismo das bombas, a própria medicação deixava a boca seca, amarga e com um eterno gosto de remédio. Então era ainda mais fácil me afogar em garrafas e mais garrafas de água. Sem a garrafinha sentia-me insegura, desprotegida... não suportava me afastar dela.

Mesmo com toda essa consciência de que eu precisava me alimentar bem, comer não foi tarefa muito fácil durante a quimioterapia. O paladar foi alterado, os alimentos tinham gosto de nada ou eram amargos, a água tinha sabor de novalgina, a boca estourava em aftas agressivas. Por tudo isso, era um esforço muito grande conseguir comer bem. Graças a Deus, a parte do enjoo era resolvida com os remédios, mas, ainda assim, em alguns dias, até o cheiro da comida incomodava.

Todavia, o que importa mesmo, é que eu definitivamente começava a aprender o valor de uma alimentação saudável e o quanto isso pode impactar em todas as minhas células. Essa foi uma das primeiras respostas que eu procurava.

– Tá aprendendo a comer hein, bonita? – disse o linfoma.

– Até que estou, mas não tenho nenhuma vontade – respondi.

– Então ótimo, porque no programa do Rodrigo Hilbert vai ensinar a receita de uma picanha. Já que você não vai ficar com desejo de comer, cate o controle remoto aí e mude que quero assistir.

– Desculpe, mas agora sou saudável e só assisto ao programa da Bela Gil.

Ele não respondeu, mas tenho certeza que me xingou.

Mesmo sendo a mesma medicação em todas as sessões, as reações não seguiam uma receita de bolo. Algumas seriam sempre iguais, mas a cada quimio o corpo reagiria de forma diferente.

Após a primeira quimioterapia, a cada manhã que eu acordava, ficava esperando quais seriam as reações daquele dia e, de fato, naquele início não houve nada que não fosse tranquilo administrar, fora o mal-estar constante, que não se consegue explicar muito bem o que é.

Embora os principais sintomas não mudassem muito, outros tantos se apresentavam a cada tempo. Acordar pela manhã era uma eterna experiência cega, e eu não sabia o que iria sentir ou como terminaria o dia.

Eu pensava o quanto a nossa vida é simples e não nos damos conta. Antes disso tudo, os meus dias eram felizes e eu não sabia. Clichê, mas muito pertinente.

Dr. Alex havia me dito que era provável o cabelo cair após a terceira sessão, mas cada paciente reage de uma forma e, para minha surpresa, quinze dias depois da primeira quimio, o meu cabelo caía em tufos. Eu passava a mão e me assustava com a quantidade que vinha nela.

A sensação do cabelo caindo desse jeito é aterrorizante. Não exagero quando uso essa palavra, pois parece coisa de filme de terror, uma aflição inexplicável. Imagine assim: leve a sua mão aos cabelos, encha ela com uma boa quantidade de mechas, se você puxar não vai sair; no meu caso, eu puxava e a mão voltava cheia. Então não dava para esperar ele cair inteiro, pois em cada lavada correria o risco de entupir os ralos.

Quando criança, eu era loura do cabelo liso e quando cheguei à adolescência o cabelo escureceu, mas, a partir dos 22 anos, adotei o tom louro e tentava a todo custo cachear. Queria que o meu cabelo fosse como o de Daniela Mercury. Queria cachos e nunca tive, apareciam apenas algumas ondas. Então era mais fácil assumir o liso. Mas eis que, naquele momento, estava perto de perdê-los. Nem cacheado, nem liso, o próximo visual seria a careca.

Acordei naquele dia 28 de outubro tendo que ir cumprir um último compromisso de trabalho antes da licença médica. Fui ao salão tentar dar um jeito, pois eu iria gravar um VT e não poderia aparecer careca nas imagens. Com muito custo, Débora, a cabelereira, conseguiu dar um jeitinho, mas, ao sair do salão, só havia metade da minha cabeleira loura. Assim que terminei de gravar, voltei lá para cortar bem curtinho e não me chocar tanto quando chegasse o dia de raspar.

Três ou quatro dias depois com ele curtinho, os fios já não se seguravam mais e o travesseiro amanhecia coberto de cabelos, foi então que fui novamente ao salão, dessa vez para raspar. Ricardo Mendes, o meu cabelereiro, estava viajando e a tarefa ficou para Norma, a irmã dele. Eu sempre fui tratada com muito carinho nesse salão, então foi mais tranquilo ir lá que estar em algum lugar frio onde não conhecesse ninguém.

Sentei na cadeira sem chorar e continuei assim até o fim. Enquanto a máquina passeava pela minha cabeça, lembrei-me da cena antológica da atriz Carolina Dieckmann raspando o cabelo na novela Laços de Família e o quanto chorei assistindo, mas, naquele momento, era a minha vez, e a força que estava ali não era minha, era de Deus.

Quando já começava a aparecer o couro (ex) cabeludo, percebi que, no som ambiente do salão, tocava uma música dos Tribalistas... "[...] e a gente canta, a gente dança, a gente não se cansa de ser criança, a gente brinca com a nossa velha infância[...]". Naquele momento, lembrei-me da minha velha infância no interior. Não tinha nenhuma relação com a letra da música, mas me vieram imagens da infância... daquela menina indefesa, sempre parecendo assustada, sempre se defendendo sozinha. Aquela menina que não soube o que era carinho, dengo, colo, aquela menina que brincava sozinha no quintal, imitando as protagonistas das novelas, e sonhava ter uma vida como a delas, aquela menina que tinha medo do escuro e queria ser protegida, que vivia no mundo dos sonhos criado por ela para fugir de uma realidade às vezes dura, aquela menina que sonhou um dia casar, ter filhos e uma carreira de sucesso, aquela menina que achou que, crescendo e indo embora daquele mundinho sofrido, encontraria apenas felicidade pela frente. Aquela menina que, mesmo se tornando uma mulher, continuou sendo a mesma menina cheia de sonhos.

Aquela menina agora estava ali dentro de mim e, por fora, uma mulher que tentou realizar muitos daqueles sonhos. Conseguiu alguns e não chegou nem perto de outros.

A máquina estava finalizando o trabalho, e eu já conseguia me ver careca. Continuei firme e até brincando para descontrair as meninas do salão, que me olhavam tentando disfarçar o sentimento de tristeza ou pena, não sei dizer.

Levantei da cadeira já usando um lenço *pink*, carinhosamente amarrado por Norma, e fui me despedir de Andréa, a esposa do meu cabeleleiro. Então, no abraço que lhe dei, muitas lágrimas que eu havia contido foram derramadas. Os abraços sinceros sempre conseguem me sensibilizar.

Saí dali e, no carro, o choro ameaçou voltar. Me perguntava como seria enfrentar o mundo sem os meus cabelos, ter que mostrar a todos o momento de fragilidade que eu estava vivendo, afinal o câncer não é silencioso. Além de mostrar os olhos fundos, as marcas no rosto e o sorriso quase sem força, as pessoas também vão ver a careca e, mesmo que a gente queira ficar em silêncio, todos vão saber o que está acontecendo. Entretanto, desde que decidi lutar e me curar, desde que decidi que aquela seria apenas uma fase e que a minha cura era certa, optei por não dar vazão à tristeza. Então, a força que tomava conta de mim chegou ali perto e da minha boca, involuntariamente, a melodia saía "[...] que Deus me ama, que eu não estou só, que Deus cuida de mim [...]". Mais uma vez a força vinha e o linfoma ria da minha derrocada capilar.

Ao chegar em casa, minha tia e minha mãe pareciam não querer tocar no assunto e perguntar como eu estava me sentindo. Tentavam falar de outras coisas descontraídas, talvez por medo de me ver desaguar em choro e lamento pelos cabelos. Mas não fiz isso. A minha força estava ali.

O linfoma continuava rindo sarcástico do meu novo visual, mas, ao perceber que naquele momento perder os cabelos era o que menos me importava, recolheu-se à sua insignificância.

No dia seguinte, um momento especial e inesquecível. Os meus irmãos Junior e Márcio rasparam a cabeça em solidariedade a mim e, quando eu pensei que a emoção não podia aumentar, Gustavo, o meu primeiro sobrinho, e tão imensamente amado por mim, do alto dos seus sete aninhos de idade, também pediu ao pai para raspar o cabelinho e demonstrar o carinho por sua "tia lôra". Confesso que, ao desafio que me fiz de não chorar e ser forte, diante do que eles fizeram, eu perdi. Gugu raspou a cabeça com a segurança de quem sabia o que estava fazendo e não se arrependeu ou fraquejou em nenhum momento. No dia seguinte, quando chegou à escola, os coleguinhas começaram a rir dele e a professora perguntou o motivo dele ter raspado o cabelo e quem pediu para ele fazer aquilo. O meu mocinho respondeu:

– Ninguém pediu. A minha tia tá doente, ficou careca e eu quis fazer uma homenagem pra ela.

Segundo o meu irmão contou, a professora elogiou muito o ato dele, pediu que os coleguinhas aplaudissem e disse que não ia admitir mais ninguém rindo de Gustavo.

Permitam-me ter fraquejado e chorado diante de tamanha demonstração de amor.

Para quem nunca imaginou ter câncer, eu já estava a caminho do meu segundo ciclo de quimioterapia. A proximidade do dia me trazia um misto de sentimentos como medo, ansiedade, desânimo por ser apenas a segunda, e ânimo por já ser a segunda. Como sempre, eu optava por segurar na corda dos pensamentos mais nobres e positivos. O meu foco era na cura e não no câncer.

Tudo normal na segunda sessão. Cheguei à AMO às oito horas da manhã e saí de lá no final da tarde. Eu gosto muito de brincar com as situações sérias da minha vida. Talvez isso seja um escudo ou a forma que encontrei para me defender e me proteger sozinha. Então eu brincava muito com os meus anjos enfermeiros e, como eles também tinham esse mesmo espírito leve, o dia passava com as nossas risadas.

Depois do segundo ciclo, eu comecei a sentir muita fraqueza e junto com ela uma falta de ar que me tirava a alegria. Sim, eu conseguia ter alegrias, mesmo com câncer. A falta de ar era irritante, não acometia a minha respiração curta, mas, quando eu inspirava profundamente, ela me faltava, e eu só conseguia bocejar, depois de quatro ou cinco vezes tentando.

Relatei tudo ao meu médico, que pediu um raio-X do tórax, para saber se estava tudo bem com os pulmões. Fiz, peguei o resultado e fui lá levar.

Os exames não mostraram nada de errado com os pulmões. Isso era ótimo e ao mesmo tempo desanimador. Não que eu quisesse ter algum problema no sistema respiratório

– Deus é mais –, mas sem causa aparente para uma medicação, a falta de ar continuaria.

Eu mal sabia que ela me acompanharia durante todo o tratamento. Se você acha que é irritante conviver com aquele colega do trabalho, com alguém da sua família ou até com pessoas distantes que lhe incomodam, tente conviver com uma falta de ar. Ah, meu amigo! Tenho certeza que você começará a rever os seus conceitos e reclamações.

Nesse dia houve um fato engraçado. Foi a primeira vez que encontrei Dr. Alex depois de perder os cabelos. Ele me recebeu da forma mais natural possível, como se os cabelos que eu tinha antes e agora o lenço, tivessem a mesma importância.

Para mim, no entanto, havia um pouco de angústia, não por estar careca na sua frente, mas por perceber só naquele momento que ele tinha um cabelo lindo, e, portanto, estava sapateando na minha cara, ainda que não fosse a sua intenção.

Enquanto ele olhava os meus exames, eu batia um papo com o linfoma:

– Ele sempre teve esse cabelo bonito e eu não reparei? – perguntei ao tumor fanfarrão.

– Teve sim, mas deve ser escova progressiva.

– Não tente me animar seu tumorzinho hipócrita, esse cabelo dele é natural.

– Então pare de olhar pra não ficar com inveja.

– Ok. Parei.

Dica pra vida: se for ficar careca, procure um médico que

tenha um cabelo que não te desperte inveja. Podia ser tipo Dr. Dráuzio, né?

Todavia, a questão não era o cabelo do meu médico; a questão é que comecei a reparar melhor nos cabelos de todas as pessoas, pelo fato de não tê-los mais. Nessa análise minuciosa, descobri o quanto uma cabeleira vale para a nossa vida ou felicidade: nada!

Lembrei-me das vezes que deixei de sair porque o cabelo estava feio, sem escova, com a raiz sem tinta; das vezes que deixei de ir à praia, para não ter que embaraçar as mechas na água salgada; das vezes que abri mão de um bom banho de piscina, para o cloro não transformar o tom loiro em verde. Quanta babaquice!

A vaidade é sorrateira e é a primeira a ser colocada em cheque, quando você desperta para o que realmente faz sentido.

Vaidade

Ficar careca me levou a uma séria reflexão sobre a vaidade. Como eu já disse pra vocês, sempre tive sérios problemas em relação à minha autoestima, que era inexistente. Se você sofre desse mesmo mal, deve saber que, para mascarar toda a feiura que achamos ter, toda a falta de inteligência que achamos ter e todas as outras depreciações que inventamos, passamos a cultivar uma vaidade exacerbada.

Para impressionar as pessoas, há uma necessidade de estar bem o tempo inteiro, unhas e cabelos sempre arrumados, roupa nova para ir a qualquer festa (afinal, as outras peças todo mundo já viu), ter itens de marca para parecer elegante e por aí vai.

Assim era eu. Cansei de ir quinta à noite ao *shopping* comprar uma blusa ou um vestido novo para ir trabalhar mais bonita na sexta. A vaidade bem dosada faz bem, mas a que passa a ser um gatilho para você parecer melhor é muito perigosa.

Eu vivi muito tempo nessa linha perigosa que, por pouco, não me transformou em uma pessoa superficial e fútil. Durante o tratamento, quando me olhava no espelho e via uma mulher frágil, careca, sem sobrancelhas e cílios, no início parecia que eu encarava uma estranha, não existia o menor traço da velha Liz. Fisicamente era como se a outra tivesse ido embora. A reflexão de que você é muito mais que um corpo, roupas, cabelo e aparência vem como um tapa na cara. Nesse momento, qualquer pessoa diria que importa mesmo é ter saúde, pois sem ela nada mais faz sentido.

Antes eu investia em roupas e esquecia de investir na alimentação; investia em cremes e ácidos para a pele, mas esquecia de beber água para hidratar o corpo; investia em salões de beleza, mas esquecia de cuidar das minhas vitaminas que estavam deficientes. Era tudo de fora para fora.

Muitas vezes me pego pensando o quanto seria bom ter uma vaidade nível zero, mas acredito naquela máxima que diz que a diferença entre o veneno e o antídoto é a dose. O peso que a vaidade tem nas nossas vidas, somos nós que damos, e eu decidi que nada mais vai ocupar espaços que não lhe pertencem. A vaidade ainda continua por aqui, mas recolhida ao seu verdadeiro tamanho, aquele que nunca mais ultrapassará a humildade ou a simplicidade.

– Até que você ficou bonitinha com essa cabeça de ovo – disse o desnecessário linfoma.

– Dispenso sua zoeira disfarçada de elogio.

– Aff! posso nem ser gentil!

– Gentileza você me faria retirando-se logo desse corpo que não lhe pertence.

– Ah! Calma. Ainda estamos no início do intensivão e você está indo bem.

Poupe-me. Se fosse no *WhatsApp*, eu teria bloqueado essa criatura.

Os dias iam passando. Apenas na primeira quimio, eu consegui me recuperar para esperar a próxima, mas depois do segundo ciclo, as forças começaram a ir embora. Chegava o dia de fazer a seguinte e, mesmo os exames de sangue mostrando que estava tudo bem, fisicamente eu não me sentia preparada para mais um bombardeio.

Todavia, reunindo toda a minha garra e vontade de expulsar aquele linfoma de mim, ia feliz para as sessões. Depois da terceira, as coisas ficaram mais difíceis. O apetite fugia e eu precisava ter responsabilidade em me alimentar bem. Resolvia compensando.

Se no almoço a comida não descia, duas horas depois eu comia frutas. Minha tia sempre preparava vitaminas de banana bem reforçadas, com suplementos e, quando eu ia deitar, ela me dava uma xícara de mingau. Ela e a minha mãe cuidavam de mim como se eu fosse uma criança e, naquele momento, eu não passava disso mesmo, totalmente sem forças ou propriedade sobre mim.

Durante o tratamento inteiro, canalizei os meus pensamentos para a cura. Até nos dias mais difíceis, em que eu não conseguia respirar, nem raciocinar direito, jamais me permiti entrar numa depressão, trazendo o peso do câncer para a minha vida e da minha família. Como qualquer sobrevivente em condições precárias, fui criando maneiras de passar por aquilo, me moldando, me adaptando e driblando o que parecia querer me dominar.

Nos dias críticos, eu tentava encontrar maneiras de burlar o sofrimento. Descobri que a respiração melhorava um pouco quando eu deitava de lado, só um pouco mesmo, mas isso já me deixava feliz. Quando eu conseguia completar a respiração inteira, a alegria era tanta que eu rezava uma Ave Maria, agradecendo. Juro!

As minhas noites se resumiam em deitar de lado, ligar o computador e colocar pertinho, mas eu não tinha concentração para assistir filmes ou séries. Parece pouca coisa, mas a luta do dia inteiro para me manter bem alimentada, tomar os remédios e principalmente respirar, me deixava exaurida ao final do dia. O computador ali do lado fazia parte da estratégia de sobrevivência. Eu ia para o *YouTube* e procurava os vídeos do padre Fábio, qualquer um, sobre qualquer assunto. Alguma coisa naquela voz e naquelas palavras tinha o poder de me deixar lúcida e sem resvalar para a tristeza.

Não. Não pensem que era pelo fato dele ser um padre bonito e me animar por isso. A maioria das vezes eu não conseguia sequer olhar para a tela, devido às pálpebras cansadas. Era apenas para ouvi-lo.

Ficava um bom tempo ali quieta, sem me mexer muito, para não perder a posição certa que facilitava a respiração e ouvindo o padre, às vezes com palavras que pareciam direcionadas a mim, muitas que chegavam duras, outras como um alento. A cada benção que ele dava, as minhas lágrimas corriam soltas. Algo que poderia passar apenas como uma benção virtual para muitos, para mim era como se fosse água benta respingando na minha testa. Cada palavra me tocava o coração, mas eu não podia me dar ao luxo de chorar. Afinal já não estava respirando direito e se o nariz ficasse entupido, aí a coisa ia ficar feia.

Então eu engolia o choro, como mandava a minha mãe quando eu era criança. Pouco chorei durante o tratamento e, quando isso acontecia, eu me escondia para a minha família não ver, pois não queria deixá-la preocupada.

Só uma vez, depois de tentar achar forças para tomar um simples banho e não encontrar, soltei o choro diante da minha mãe e da minha tia. Não era um choro de desespero, desânimo ou desistência. Era cansaço. A medicação me sugava, a minha voz muitas vezes ficava só um fio e até falar uma frase inteira dava trabalho. Lutar cansa, meus amigos, mas pensar no sabor da vitória nos move para mais uma casa do tabuleiro.

Não vou negar que o medo algumas vezes ameaçava aparecer e, obviamente, não consegui ignorá-lo o tempo inteiro.

Medos

Por falar em medo, costumo dizer que ele é um velho companheiro meu, daqueles que a gente aprende a conhecer, a respeitar, mas perde a paciência quando ele enche muito o saco. O meu primeiro medo foi desenvolvido na infância.

Eu devia ter uns cinco anos e dormia no mesmo quarto que o meu irmão do meio. Certa noite acordei com tudo escuro e vi, em alguma nuance de luz, uma senhora pegando o cobertor de Junior e o cobrindo. Não lembro como foi o resto dessa noite, mas desde então criei pânico do escuro.

Fui crescendo e outros medos foram chegando, mas o do escuro continuou. Achei pouco só o medo e desenvolvi uma falta de ar se o ambiente for um breu onde não seja possível ver nada. Depois de adulta e indo morar sozinha, comecei a trabalhar muitos desses pânicos. Afinal, a gente precisa crescer e encarar os fantasmas de frente, inclusive baratas voadoras que entram pela janela. Esses medos que vieram da infância foram se perdendo pelo caminho, mas outros muito mais perigosos apareceram.

Medo de não conquistar nada na vida, de amar, de me aventurar em sonhos, de arriscar ir morar em outro país, de sair da zona de conforto e muitos outros com os quais me deparo dia após dia, sem esquecer daqueles que tenho na categoria superpânico: medo de avião e medo de lagartixa.

Além de todos esses, sempre esteve presente o medo de perder alguém que amo ou que algum deles ficasse doente. Sempre pedi, nas minhas orações, saúde e proteção para os que amo.

É engraçado, mas nunca havia alimentado o medo de ficar doente. Afinal, já falei aqui que pouco me cuidava, mas ainda assim achava que a saúde era boa. Quando recebi a notícia do câncer, percebi que todos os medos até então cultivados, não eram nada diante daquilo. A notícia veio acompanhada de muito desespero e muitos medos, muitos mesmo, mas nenhum deles foi o de morrer. Havia o medo da quimioterapia, de vomitar, perder os cabelos, sofrer ou sentir dor, mas morrer, definitivamente, não passou pela minha cabeça. Eu sabia que não seria fácil, sequer imaginava o prognóstico, tamanho da gravidade ou outros detalhes, mas, mesmo no turbilhão do desespero, não pensei em morrer.

Não faço a Bíblia de oráculo, mas, na noite anterior ao dia em que recebi a notícia que estava com câncer, estava lendo e me deparei com o seguinte versículo "Por isso não temas, porque estou contigo; não te assustes, porque sou o teu Deus; Eu te fortaleço, ajudo e sustento com a mão direita da minha justiça" (Isaías 41:10).

Fiquei tão impressionada com aquela passagem que tirei uma foto com o celular e lia toda hora, mas, naquele momento, a minha interpretação do que Deus queria me dizer foi errada. Achei que Ele estava deixando claro que o resultado da biópsia, que eu saberia no dia seguinte, não acusaria um câncer e que eu não precisava ter medo. Mas o que Ele me dizia era que, embora o resultado não fosse o que eu estava esperando, eu não deveria me assustar, pois Ele estaria ao meu lado, ajudando e sustentando. Agora me digam: como não amar esse Pai?

Durante o tratamento, claro que alguns medos iriam me rondar e o maior deles se aproximava. No início do tratamento, o meu médico havia me alertado de que, havendo qualquer intercorrência que ocasionasse febre, eu precisaria ser internada com urgência; e eu morria de medo disso acontecer. Temia principalmente ir para um hospital com a imunidade zerada e correr o risco de uma infecção. Rezava todos os dias, pedindo a Deus que me livrasse, mas acabou acontecendo.

No décimo quarto dia depois da terceira quimio, quando a imunidade estava em zero, por volta das vinte e duas horas, fui surpreendida com uma febre de 37.9 °C e ligando para a urgência da clínica AMO, que ficava disponível 24 horas. A orientação era ir correndo para a emergência do hospital Aliança. Assim, mais um medo aparecia na minha frente, para que eu pudesse lidar e enfrentar. E que medo, meus amigos!

Depois de passar a noite na emergência, o diagnóstico foi dado: neutropenia febril. Traduzindo para vocês, isso acontece quando há uma queda grande dos neutrófilos, células do sangue, responsáveis pela nossa defesa. Naquele estado, qualquer besteira poderia se transformar em algo grave, e era preciso internar para tomar antibiótico na veia e algumas injeções na barriga, para que a imunidade começasse a subir.

Ficar internada, receber várias furadas para inserir acesso na veia e tomar tantas injeções não é nada agradável, mas diante dos meus maiores medos, estar ali "apenas" por aquele motivo e nenhum foco de infecção grave, soava como benção e eu agradecia. Deus é maravilhoso, mesmo quando você acha que tá na merda.

Fiquei lá por três dias, fazendo exames de sangue todas as manhãs para esperar que os neutrófilos voltassem ao normal e eu me recuperasse. Recebi poucas visitas. Afinal, o risco de me contaminar com qualquer bactéria ou fungo era alto.

Durante o período de internamento, fiquei no hospital apenas com a minha mãe e esse foi um grande desafio.

Mágoas

Não sou muito dada a cultivar tristezas. Na verdade, quando elas acontecem, sofro por dias, mas quando a decepção passa, eu até esqueço. Às vezes fico achando o meu coração mole demais, por não guardar raiva de ninguém. O único problema é que essa é uma característica que adquiri depois de adulta, pois infelizmente o que passei na infância não foi tão facilmente esquecido.

Tenho cicatrizes na personalidade que foram feitas lá atrás, quando eu era só uma menina insegura e cheia de medos, que carecia de atenção e carinho. Culpava os meus pais por não terem me dado o amor que tanto precisei e que hoje é a causa tantas lacunas. Não sei o que é colo de mãe, abraço de pai, conversas cúmplices, apoio nos momentos difíceis ou validação do que eu era. Na infância e adolescência, nunca ouvi o meu pai ou a minha mãe me dizerem um "eu te amo", nunca ouvi um elogio vindo dos dois, nunca brincávamos ou gargalhávamos juntos. Foram muitos conflitos e mágoas que vão além da falta de carinho e amor, mas são histórias que não vou detalhar aqui. Por esses motivos, eu ia me tornando um bicho retraído, cheia de revolta e eles me acusando de ser uma péssima filha. Afinal, eu revidava a falta de amor com uma forma grosseira de tratá-los.

Vivi com eles até os dezoito anos na cidade do interior onde nasci e onde eles ainda moram. Depois que saí de casa, a nossa relação melhorou um pouco. Afinal, aumentamos a distância, juntamos a emocional com a física. Vendo-nos e falando pouco, uma certa cordialidade começou a ser estabelecida, mas as minhas mágoas só cresciam a cada percepção que eu tinha do quanto me fez mal a forma como fui tratada na infância.

Assim permaneci por muito tempo. As mágoas corroendo cada cantinho do corpo, e eu dando-lhes cada vez mais munição com os meus pensamentos que reafirmavam a culpa que eu empurrava nos meus pais. Então, o linfoma veio para me fazer ir em busca de respostas e muitas delas doeram até serem encontradas.

Durante o meu tratamento, a minha mãe veio do interior para ajudar minha tia a cuidar de mim. Engraçado, né? Deveria ser o contrário, mas é que desde os meus 19 anos, a minha tia Nalva se tornou mais minha mãe que a que me gerou. Mas, voltando ao momento, a minha mãe veio e me acompanhava em todas as quimios e ajudou muito na minha fase debilitada, em que eu mal conseguia fazer o meu prato. Curiosamente, no estado frágil em que me encontrava, ao invés de esquecer as mágoas e perceber o quanto ela estava próxima e me ajudando, eu desenvolvi o meu lado sombrio da doença, que era todo descarregado nela. Não tinha paciência com o que ela falava, com a forma que ela fazia as coisas... tudo me irritava. Sentia o quanto ela se controlava para não explodir com aquele meu momento de criança mimada e percebia o quanto ela estava fazendo a sua parte ali, perto de mim.

Olhava para ela e me lembrava de todas as vezes que ela não ajudou a construir minha autoestima, pensava no carinho que eu precisava e ela nunca me deu, lembrava coisas que nem eu sabia que ainda estavam guardadas dentro de mim. Até que, em um dos dias do internamento, uma coisa futucou o meu coração, minha alma ou o poço onde as mágoas vivem, e eu disse muitas, muitas, muitas – muitas mesmo – coisas para ela. Eu dizia e ela se defendia, afirmava não se lembrar de nada daquilo, que eu era muito amarga por ter guardado tudo, chorou e me pediu desculpas.

Nada daquilo me comoveu. Parecia que eu estava envolta numa couraça que me blindava de qualquer sentimento por ela. Todos os dias, eu a tratava friamente e todos os dias, à noite, eu chorava muito de arrependimento. Morria de pena daquela figura frágil, que só queria me ajudar, e eu retribuía muitas vezes com grosseria. Pedia perdão a Nossa Senhora e implorava a Deus o poder de perdoar a minha mãe, de me livrar de todas as mágoas que me faziam sofrer tanto.

Na época, quando as pessoas de fora comentavam o quanto devia estar sendo bom ter a minha mãe por perto, eu concordava, mas depois tinha crises de choro. Só conseguia pensar no quanto eu queria sentir aquele amor pela minha mãe, aquele amor que um dia lá atrás eu senti, quando não tinha consciência de quanto mal aquele descaso iria me fazer, e ainda a tinha como o ser mais amado do mundo. No fundo eu sabia que esse amor ainda existia, só estava castigado, arranhado, jogado no cantinho em que o deixei quando o sofrimento foi grande, sem saber que esse mesmo amor poderia ter me curado de tantas dores.

Depois que desabafei com ela e fui vivenciando a dureza do tratamento, comecei a ter mais bondade para olhar para os meus pais e entendi que essa culpa não era deles. Os dois fizeram o melhor que conseguiram, deram o que foi possível diante da dureza da vida que tiveram. Foram tão vítimas quanto eu da falta de amor e, por isso, não tiveram sabedoria para fazer o contrário. Os dois, com o pouco estudo que tiveram, com todas as pedras que precisaram quebrar para não serem soterrados pela vida, são os melhores pais que pude ter e Deus me deu o desafio de amá-los sob qualquer circunstância, mas eu demorei para entender.

Muitas vezes é mais fácil lutar contra uma doença grave do que contra as mágoas que carregamos no peito, mas, ao descobrirmos a cura, estamos livres para sempre.

– Essa é a parte mais difícil do aprendizado.

– Por quê? – perguntou o linfoma.

– Porque embora eu entenda tudo, o perdão me parece muito difícil e distante.

– Só parece, mas ele está aqui dentro de você. Demora um pouco, mas você vai encontrá-lo.

– Deve ser você, tumor obeso, que está ocupando até o espaço do perdão.

– Quanta grosseria, cabeça de ovo. Francamente!

Depois de sair do hospital e até chegar o dia do próximo ciclo, senti-me bem e mais forte, mas, logo após a quarta quimio ser administrada, a fraqueza voltou.

A quarta foi no dia 16 de dezembro e então o período de imunidade crítica começaria no dia de Natal.

A casa da minha tia estava cheia. Meu pai, meus irmãos, minhas cunhadas e os sobrinhos vieram do interior para passar a noite de Natal comigo. Eu me dividia entre a felicidade de tê-los ali e a tristeza de não poder ficar muito perto, abraçar, pegar os sobrinhos no colo, pois, além de estar fraca, qualquer simples bactéria poderia me atingir. Entretanto, ainda assim, foi muito bom.

Eu adoro o Natal, e independente de estar doente, sempre vi nessa data o seu verdadeiro significado. Portanto não pode haver dia mais feliz. Só que em todos os outros anos da minha vida, na virada do dia 24 para o dia 25, eu sempre estava envolvida na troca de presentes ou mandando mensagens para algum ficante que estava na casa da sua família. Além disso, o que completa o ritual é a espera do *show* do Rei. Sim, eu amo Roberto Carlos e já combinei com Deus que uma das minhas recompensas por ter tido um câncer, será conseguir ir a um *show* dele e ficar perto do palco. Pois é. Eu fiz uma listinha de recompensas e juro que são coisas pequenas. Nessa, Deus nem vai ter trabalho, porque nem pedi pra entrar no camarim.

Entretanto, esse Natal foi o mais diferente de todos.

Quando o relógio alinhou os ponteiros e era meia-noite, eu estava ajoelhada diante do pequeno altar que fiz no quarto em que estava dormindo, na casa da minha tia. Luzes apagadas e uma vela acesa. Quem fez quimioterapia sabe que a mente fica um pouco lenta e embaralhada. Então, consciente de que eu não conseguiria construir uma oração decente, mais uma vez recorri ao meu "amigo" padre Fábio cantando "Incendeia a minha alma", como trilha sonora daquele momento. E só fiz agradecer a Deus por tudo. Não pedi nada. Só agradeci.

Essa foi a noite de Natal mais linda que já tive. A mais próxima Dele.

O dia 25 foi maravilhoso, perto da minha família, dos meus sobrinhos que me trazem tanta alegria, mas nem por isso a falta de ar dava trégua ou a preocupação com a temperatura do meu corpo diminuía. Monitorava com o termômetro que me assustava a todo momento, mostrando médias que chegavam perto de uma febre.

Foi então que, no dia 26, muito fraca e sem apetite, por volta das 16 h, o termômetro mostrou números temidos: 38,2 °C. Tudo de novo. Hospital, emergência, internamento. O motivo da febre era o mesmo: neutrófilos em queda livre.

Depois de todo o processo de entrada no Pronto Socorro, lá estava eu, mais uma vez, instalada em um quarto do Hospital Aliança. Curiosamente, o que eu senti naquele momento era algo bem próximo de um alívio. Antes de chegar até ali, enquanto passava os dias em casa com a imunidade muito baixa e preocupada com possíveis intercorrências, havia um peso nos meus ombros, um cansaço na mente e um medo que eu não aguentava mais sentir.

Estar ali no hospital, sendo monitorada por uma equipe médica e por enfermeiros competentes, me fazia respirar aliviada, por não estar sozinha naquele acompanhamento da temperatura, da falta de ar, da tosse seca, da alimentação... No nível de debilidade que eu me encontrava, dar conta de tudo aquilo era muito difícil.

No dia seguinte, o meu médico entrou no quarto bem cedo.

– Bom dia, Dr. Alex! Olha eu aqui de novo neutropênica.

– Pois é, daqui a pouco você vai começar a pagar o IPTU do hospital.

Rimos eu, ele e o linfoma.

A visita do meu médico ali era para me deixar ciente de que, com essa recorrência, a observação precisava ser mais rigorosa. Daquela vez a estadia foi maior e havia a real possibilidade de passar o *réveillon* internada. Quer saber? Se tivesse que passar ali, eu iria me preparar e aceitar mais esse desafio. Eu tinha um objetivo e não me importavam os obstáculos que precisaria atravessar e, sim, chegar até ele, no caso, a cura.

Algumas noites lá no hospital, nos momentos de solidão, enquanto a minha mãe dormia, comecei a lembrar de todos os outros anos em que, naquela época, a minha maior preocupação era rodar todos os *shoppings* em busca de uma roupa para usar na virada do ano. Tinha que ser tudo novo; o vestido, o sapato, a calcinha.

– E dava sorte? – perguntou o cínico do linfoma.

– Que nada! A vida continuava a mesma coisa.

Eu não admitia passar o *réveillon* sem que cabelos, unhas e maquiagem estivessem impecáveis e, embora com toda essa produção, não conseguia me lembrar de uma virada de ano realmente feliz.

Agora eu estava ali careca, unhas manchadas e fracas, olheiras enormes, sobrancelhas pela metade, apenas uns cinco ou seis cílios e passaria o *réveillon* com o roupão do hospital ou, caso fosse para casa, usando algo velho e o mais confortável possível, que não me apertasse para não piorar a falta de ar. Ao invés de pensar em lugares badalados para ir, eu só torcia, silenciosamente, para conseguir estar em casa, perto da minha família e não em uma cama de hospital.

A vida passava como um filme e eu assistia, atenta, a todos os erros que cometi. Quanta futilidade, quanto exagero. É claro que eu continuaria a ser uma mulher vaidosa, mas em um contexto muito mais real e dando a essa vaidade o tamanho e a importância que ela realmente merece.

Era nos meses de janeiro que a bola de neve das minhas dívidas começava. Afinal eram tantos gastos para passar o *réveillon*, linda e em lugares legais, que a partir daí iniciava o rombo na conta bancária.

Dinheiro

Sou a mais velha de uma família de três irmãos. Meus pais nunca tiveram muitos recursos financeiros. Nunca passamos fome, mas lá em casa o lanche era pão e nunca houve biscoito recheado ou Danoninho. Estudamos no melhor colégio da cidade, graças ao esforço da minha mãe, que lutou por bolsas de estudo para nós. Usávamos livros de segunda mão e não tínhamos dinheiro para lanchar na cantina da escola. Andávamos uns 4 km no sol bem quente ou no frio congelante do interior para ir para aula. Esse relato não é um drama, tenho muito orgulho de onde vim e agradeço todos os dias ter tido as oportunidades que apareceram no meu caminho.

Acontece que a cabeça da criança pobre aqui, que estudava no melhor colégio da cidade, onde os ricos também estudavam, ficava meio confusa. Com o uniforme, éramos todos iguais, a despeito das calças deles serem de marca e a minha não. Mas quando fomos crescendo e chegou a fase da adolescência, na qual a vaidade de menina começava a despontar, era difícil querer ter as roupas, bolsas, sapatos e maquiagens que as minhas colegas tinham e saber que os meus pais não possuíam a menor condição de me dar tudo aquilo.

Ganhávamos umas quatro peças de roupa nova por ano: duas no São João e duas no Natal. Normalmente era um conjuntinho pra cada um e também um par de sapatos.

Noveleira, como sempre fui, ficava louca pela moda que via nas atrizes e queria tudo aquilo. Como não podia ter, então me frustrava, ficava triste. O meu pai falava de forma grosseira que não podia dar, talvez para se defender do fato de não poder satisfazer os nossos desejos, mas nunca nos explicou de fato o quanto era difícil prover as despesas da casa. Cresci sentindo falta de tudo que me encantava tanto e sufocando a minha vaidade.

Talvez outras pessoas normais aprendessem com isso e se tornassem econômicas, valorizando cada centavo, mas, no caso da destrambelhada aqui, o efeito foi reverso.

Toda essa privação não me fez ter uma relação de respeito com o dinheiro, como diz a música do Roupa Nova "eu compro o que a infância sonhou". Depois de passar tanta privação quando dependia do meu pai, resolvi me compensar de tudo quando comecei a trabalhar. Por esse motivo, no início do livro, falo que tinha muitas dívidas. Nunca consegui juntar dinheiro, mesmo porque ganho pouco, me banco sozinha e, além das despesas necessárias, tenho sempre um desejo *fashion* urgente a ser realizado. Mesmo não tendo um salário alto, tenho certeza que, se eu fosse mais organizada, conseguiria ter uma poupança para as horas de aperto, mas até hoje não consegui.

Essa forma de me relacionar com o dinheiro, depois do tratamento, passou a ser diferente. Não tenho ainda nada guardado, mas já consegui pagar as dívidas que me tiravam o sono, quitei e cancelei os cartões de crédito, quitei o carro e isso já faz com que eu me sinta muito melhor. Antes não tinha a menor preocupação em saber quanto de gasolina gastava por mês, se o apartamento estava com todas as luzes acesas ou se comprava roupas que só usaria uma vez na vida. Agora, pelo menos, a consciência já chegou. Ainda não sei quando terei o meu apartamento próprio, quando trocarei de carro ou farei uma viagem, mas já sei que prefiro gastar com essas coisas do que com blusinhas básicas de lojas de departamento.

O linfoma também me fez descobrir que a culpa dessa relação frágil com o dinheiro foi a inexistência da minha autoestima. Era a falta dela que me fazia comprar uma roupa nova todas as vezes que ia sair com um paquera, que me fez passar uma fase da vida indo para o salão duas vezes na semana, só para estar com os cabelos sempre perfeitos. Era a falta dela que me fazia acreditar que eu só seria interessante se estivesse sempre bem-vestida e com os melhores perfumes. Fazia mil coisas para agradar aos ficantes, como comprar vinho, queijos caros, presentes, acreditando que sem isso não os veria uma segunda vez. Francamente, como eu era ridícula! Ainda tenho dado algumas escorregadelas, mas sinto que a minha relação com o dinheiro agora amadureceu e se tornou adulta. Antes tarde do que nunca, né?

Os dias passavam e o ano de 2015 ia chegando ao final. E que ano, senhoras e senhores! Esse tinha vindo para marcar o meu calvário, mas 2016 já batia à porta e eu sabia, tinha certeza, que trazendo uma grande vitória e um grande recomeço.

Era manhã do dia 31 e eu ainda estava internada. Lá fora

um dia lindo de dar inveja a qualquer outra cidade e eis que o Dr. Victor Hugo, que faz parte da equipe do meu médico, entrou no quarto e me deu a boa notícia.

– Você está de alta!

Eu iria para casa, passaria a virada do ano perto da minha família, com a simplicidade que agora me caía e fazia tão bem.

– Obrigada, doutor! O senhor sempre me trazendo boas notícias.

Na outra vez que fiquei internada, foi ele também quem me deu alta. Então já o classifiquei como um santo médico e também era ele quem me dava as melhores "drogas". Foi ele quem me passou um remédio para o estômago, quando me queixei da falta de ar e BANG! Acertou na mosca. Só assim eu começava a descobrir que a falta de ar era causada por algo relacionado ao estômago ou esôfago. Mais tarde uma endoscopia confirmou hérnia de hiato.

Saí do hospital feliz, mas ao mesmo tempo com a estranha sensação de querer continuar lá, de querer continuar tendo pessoas que me ajudassem a cuidar de mim, checando a pressão, temperatura e qualquer outra reação que eu tivesse.

Pessoas que me ajudassem na cansativa tarefa da eterna vigilância. Durante todo o tratamento, eu segui à risca todas as recomendações médicas e do corpo de enfermagem. Tomei todas as precauções possíveis para não ter gripe, infecções ou alguma intercorrência mais séria, e no que dependesse de mim e dos cuidados que precisava tomar, nada aconteceria.

E graças a Deus, assim foi. Os internamentos estiveram fora do meu controle, mas os cuidados contribuíram muito para que eu não tivesse sequer um resfriado e nenhum ciclo da quimio precisou ser adiado.

Depois desse último internamento, me senti mais forte. A falta de ar começava a diminuir significativamente e me trazia o alívio tão esperado. Louvado seja São Dr. Victor Hugo!

A quinta quimioterapia se aproximava e vinha com um gostinho estranho. O ciclo iniciaria em 6 de janeiro, dia do meu aniversário.

Se existe uma coisa que eu amo nesta vida, é o dia do meu aniversário. Eu realmente levo a sério a informação de que o dia é meu e mal contenho a alegria, esperando as pessoas me abraçarem, ligarem, me darem presentes e todas as homenagens que eu tenho direito. Passo o dia inteiro com aquela sensação de que, em algum momento, alguém fará uma festa surpresa pra mim com bolo e flores. E adivinha? Isso nunca acontece. Não, eu não fico frustrada ou triste, sigo amando o meu dia e acreditando que vai ter no próximo.

Todavia, aquele aniversário seria diferente de todos que já tive e de tudo o que imaginei um dia. Quando comentei com o meu médico que o quinto ciclo seria nessa data, ele sugeriu que eu antecipasse ou atrasasse um dia, mas, com uma convicção que parecia não vir de mim, eu disse que não queria. Não queria desviar um passo do caminho traçado, mesmo que isso comprometesse o meu aniversário.

Chegou o dia do quinto ciclo. Era uma quarta-feira, dia

oficial das minhas quimios e, dessa vez, trazendo o detalhe especial de estar completando 42 anos. Não acordei triste, reclamando ou maldizendo a vida por passar o aniversário tomando uma carga de bombas. Entendia que estava indo para mais uma etapa que me conduziria à cura. Por mais que aquela medicação me provocasse tantas reações ruins, eu a enxergava como gotinhas milagrosas de cura.

No caminho para a clínica, o sol estava lindo e refletia em algumas árvores, deixando tudo mais verde e bonito. Nunca houve um aniversário meu sem sol, nem mesmo nesse, em que eu atravessava um período tão cinzento. Sentada no banco de trás do carro do meu tio, ouvi uma voz longe, fraca, mas bem conhecida por mim. Era o linfoma:

– Feliz aniversário!

– Obrigada. Poderia ser bem melhor sem você aqui.

– Sempre arredia e malcriada, hein?

– Desculpa. Foi mal.

– Hoje você pensa assim, mas, em breve, enquanto continuar encontrando as suas respostas, vai descobrir que posso até ter lhe dado algumas dores, lhe deixado com essa careca ridícula, mas a quantidade de coisas boas que vão acontecer na sua vida depois de mim, serão maiores que qualquer lembrança ruim.

– Mesmo não querendo te dar um abraço de agradecimento, eu tenho certeza que você está certo.

Não foi possível ver, mas tenho certeza que, nesse momento, ele deu um sorriso de canto de boca e concluiu:

– Seja feliz não só hoje no seu aniversário, mas todos os dias, mesmo se não tiver bolo surpresa, mesmo se o sol não sair, mesmo quando as coisas não parecerem tão boas. Você foi uma adversária admirável. Acredite sempre na força que você tem.

– Fui uma adversária? Isso quer dizer que não sou mais? Eu venci? Você está indo embora?

– Não poderia ser o contrário? – perguntou divertido.

– Lógico que não! Estou me sentindo bem, até uns fios de cabelo já ameaçam despontar. Além disso, morrer no dia do aniversário seria um roteiro péssimo. E então? Você está mesmo indo embora?

Dessa vez, com uma voz quase inaudível, muito fraca, ele disse:

– Continue buscando as suas respostas. Assim é a vida.

Durante todo o dia, as ligações não pararam e houve também inúmeras mensagens nas redes sociais e no *WhatsApp*. Àquela altura, todos os meus amigos mais próximos já sabiam do meu tratamento, mas os mais distantes e os seguidores do *blog* não faziam a menor ideia do que estava acontecendo.

O dia poderia ter sido sem graça, mas amigos são preciosidades e fizeram tudo ficar melhor, pois tive direito até a receber a visita de alguns durante a quimio – Paula, Léo e Gabi – no pequeno espaço onde eu estava recebendo a medicação. Saí da clínica no fim da tarde, inchada de tanta medicação, mas, para cumprir a tradição, cultivei a gostosa expectativa de que fariam uma festinha surpresa, que haveria um bolo e que eu faria cara de quem jamais imaginou aquilo, mas como em todos os outros anos, não houve nenhuma festa surpresa. Sim, eu sou a louca da festa surpresa e tenacidade é o meu sobrenome.

Naquela noite, agradeci a Deus por estar viva vencendo a batalha e me deitei para dormir. Ao meu lado, os remédios para enjoo, o terço, a garrafinha de água, o computador e padre Fábio de Melo, em vídeo, obviamente.

Depois do último internamento, Dr. Alex deixou programadas algumas injeções que não deixariam a minha imunidade cair tanto. Então, dez dias depois do quinto ciclo, comecei a tomar a primeira das três programadas para aquele período. A Granulokine (Filgrastim) é uma injeção para evitar a neutropenia, a queda dos glóbulos brancos no sangue que é consequência direta da quimio. Estimula o crescimento do número de leucócitos e impede o organismo de sucumbir a uma infecção. A injeção aumentava a produção das defesas e me deixou mais forte. Foi um alívio me sentir um pouco melhor, conseguindo tomar banho sem parecer que aquilo era o trabalho mais difícil do mundo.

A expectativa para a última quimio aumentava conforme o dia ia se aproximando. Meu Deus! Era bom demais saber que era a última e, ao mesmo tempo, todos os medos do mundo vinham sussurrar ao meu ouvido e fazer com que eu me perguntasse: *E se precisar de mais? E se o tumor não foi embora?*

Eu tentava falar com o linfoma em vão. Chamava, brincava, xingava, reclamava, mas ele não respondia mais.

Imaginei que tivesse mesmo ido embora e, apesar de ainda faltar uma sessão, alguma coisa me dizia que ele não estava mais em mim.

O dia da última sessão chegou e eu saí de casa com a mesma serenidade que me acompanhara em todas as outras. Metade de mim assustada e metade de mim confiante como sempre. Cheguei à AMO e fui recebida com o mesmo carinho por aquelas pessoas que aprendi a gostar durante todo o tratamento. Eram sorrisos que começavam desde a portaria até quando eu entrava em uma das "salinhas" onde a medicação era administrada.

Depois que já tinha colocado o acesso no meu braço e as medicações iniciais começavam a descer, um daqueles meus anjinhos entrou, chegou pertinho da minha cadeira e disse:

– Hoje é o seu último dia, e eu escrevi essa mensagem pra você. Agora é vida nova e você vai recomeçar.

A dona dessas palavras e que segurava um envelope branco com uma cartinha dobrada dentro, era Paola, aquele ser iluminado que Deus deu o dom do cuidar, da paciência, da compaixão.

Eu a olhei, muito emocionada, e disse que iria ler quando ela saísse de perto, pra não chorar na sua frente. O choro não era de tristeza; era uma mistura de saudade daquelas pessoas, alegria, esperança, medo, mas, acima de tudo, a vontade de ouvir alguém dizendo: acabou mesmo, acredite!

Li aquelas doces palavras tão profundamente amorosas e junto com elas a letra da música "Raridade", de Anderson

Freire. Eu mal conseguia conter a ansiedade para seguir aquele conselho escrito na última linha: relaxe e sorria! Jamais, enquanto eu viver, vou me esquecer desse momento tão especial que Paola me deu.

Na última sessão, eu fiquei mais inchada que nas outras. Cheguei em casa parecendo uma sapa de tanto líquido injetado. Estava muito magra, pois entre uma quimioterapia e outra, perdia 1 kg. Apesar de me disciplinar para ter uma boa alimentação, o apetite raramente dava o ar da sua graça e, mesmo pesada com tanto líquido injetado, sentia uma leveza inexplicável, por saber que aquela etapa havia acabado.

Os dias que se seguiram depois da última químio, apesar das injeções para melhorar a imunidade, também vieram acompanhados de muita fraqueza, de reações fortes depois da medicação, de noites insones, de orações e da vontade louca de recomeçar.

Dr. Alex pediu que, vinte dias depois da última sessão, eu fizesse um Pet Scan, exame que mostraria o resultado do tratamento. É o Pet que revela células cancerígenas, se houver alguma. Finalmente, chegou o dia.

É um exame chato porque tenho claustrofobia e, entrar em tubos é um verdadeiro sofrimento. Além desse medo, me rondava outro maior ainda, que era imaginar o resultado. Rezando tudo o que podia, e pedindo a Deus que ali no meu corpo não houvesse mais nenhum câncer, depois de toda a preparação que antecedeu o exame, entrei no tubo, de olhos fechados, e mentalmente cantando "Tudo é do Pai, toda honra e toda glória, é Dele a vitória [...]". Eu só conseguia cantar esse refrão.

O exame acabou. Agora era esperar o resultado, que veio duas semanas depois. No dia que ficou pronto, peguei o envelope lacrado e fui direto para a consulta com o meu médico. Esperei um tempo curto na recepção da clínica, que mais pareceu uns três meses, e então chegou a hora de entrar no consultório. Era hora de saber se o tratamento foi eficiente.

Dr. Alex abriu o envelope e, com todo o seu entendimento para "ler" aquelas imagens que não me diziam nada, mostrou e explicou tudo, concluindo:

– O tratamento foi um sucesso, Liz! Tivemos um ótimo resultado.

– Como assim? O tumor foi embora? O linfoma sumiu?

– Sim. O Pet Scan mostra que não há mais sinal dele.

Eu sou boa de intuição. Sempre previ que o dia mais feliz da minha vida seria diante de um médico, só que, nas minhas previsões, isso iria ocorrer numa sala de parto, tendo um filho, e não, naquela situação. Mas aquele era sim, o dia mais feliz da minha vida. O dia que eu renascia. O dia que eu esperei desde que decidi lutar e vencer o câncer. O dia que eu mentalizava todas as vezes que a tristeza ameaçava me abater. O dia que Deus preparou pra mim: 26 de fevereiro de 2016.

Olhei para o meu médico e a minha vontade era de abraçá-lo e agradecer, até não ter mais palavras ou forças, mas ele continuava ali, a me explicar o que eu quase não conseguia mais ouvir de tanta felicidade. Dr. Alex estava dizendo que mesmo não havendo mais o tumor, eu deveria passar por umas sessões de radioterapia, para finalizar o tratamento com bastante segurança, mas antes me encaminharia para uma avaliação com o médico especializado. Eu disse que não haveria problema, que faria tudo o que ele dissesse.

A consulta acabou, e eu logo liguei para Paula para contar a boa notícia. Ela estava trabalhando em casa e não pude ir ao seu encontro. Saí da AMO flutuando, achando as cores mais vivas, o dia mais lindo, os sons mais encantadores e uma leveza inexplicável. E assim, saindo da clínica que me tratou o corpo, fui direto para o lugar que me cuida da alma: a igreja.

Entrei na paróquia Nossa Senhora da Luz, apenas com a intenção de me ajoelhar e agradecer, mas chegando lá, era uma tarde de confissão, e resolvi entrar na fila, pois eu precisava botar pra fora tudo o que ainda me incomodava. Esperei um tempinho até que chegou a minha vez. Entrando na sala, me deparei com um padre novinho e com quem, de imediato, me senti muito à vontade para falar sobre tudo.

– Padre, eu acabo de receber a notícia de que estou curada de um câncer e mesmo estando muito feliz com isso, há uma inquietação no meu peito. Sinto-me a pior das pessoas por ter passado por tudo isso e, ainda assim, ter sentimentos pesados no meu coração, por ainda não ter conseguido perdoar os meus pais por coisas que me marcaram muito e influenciaram na minha personalidade, sempre tão arredia. Eu quero, peço desesperadamente a Deus, mas não consigo liberar esse perdão. – Comecei a chorar muito e concluí:

– Eu preciso me curar na alma, padre! Não vai adiantar só a cura do corpo.

Ele, muito paciente e compreensivo, disse:

– Minha filha, se algum dia alguém lhe disse que perdoou algo de um dia para o outro, essa pessoa está mentindo. O perdão é uma longa caminhada e demanda muito de nós, mas um grande passo você já deu, que é ter a vontade de chegar até ele. Não se sinta culpada por não conseguir perdoar, ajoelhe-se diante de Deus e mostre a Ele a sua raiva. Essa é a primeira etapa do processo. Conte a Ele tudo que lhe aflige e todas essas dores. Como você ainda vai fazer a radioterapia e precisa tanto desse alento na alma, queria perguntar se posso lhe dar uma extrema-unção. Não se assuste, esse não é um sacramento como definem erroneamente por aí.

Diante daquelas palavras que me tocaram tanto, eu disse que claro, que aceitaria a extrema-unção. Então conheci uma das orações mais lindas que já ouvi. Em nenhum momento falava de morte, só de vida. O padre disse que a minha penitência seria diferente... seria ler um livro: "Perdoa a ti mesmo", de Anselm Grün.

Saindo daquela igreja tão mais aliviada e compreendendo muitas coisas que antes não conseguia, a minha certeza de que nenhuma felicidade é completa sem Deus, só se confirmou. Sentia-me como se tivesse tomado um energético poderoso, um suco de frutas Gummy ou qualquer coisa do gênero. Sim, eu sei que era a força do Espírito Santo. O meu corpo estava fraco e debilitado, mas a alegria da alma parecia ter uma força que mal cabia em mim. A vontade era de ver todas as pessoas que eu amava e abraçar cada uma.

A minha amiga Patrícia Guerra me mandou uma mensagem no exato momento deste turbilhão de pensamentos (ela sempre me manda mensagens em horas assim), e percebi que estávamos muito perto uma da outra. Então fui até ela ganhar um abraço apertado e comemorar a cura com café e os bolinhos de chuva mais deliciosos que já comi, feitos por tia Gersilda, mãe de Pat.

Chegando em casa, dei a notícia, chorando de felicidade, para as minhas tias que estavam na sala. Minha mãe havia voltado para o interior, para cuidar da vida que abandonou para vir cuidar de mim. Minha tia Nalva, que me acolheu na sua casa, que cuidou de mim como se eu fosse uma criança e me deu tanta força, estava ali sentada no sofá vendo a novela; me joguei no chão ajoelhada, e disse, aos prantos: Obrigada por tudo!

Ao meu tio, que sempre foi um pai, agradeci da mesma forma. Ele é um grande exemplo pra mim. Humilde, honesto e com um coração do tamanho do mundo. Teve comigo um cuidado durante o tratamento que só os pais têm pelos filhos. E continua tendo.

Eu realmente contei com um time invejável de soldados durante a minha batalha. Depois, comecei a ligar para os meus pais, irmãos, parentes, amigos mais próximos e contar o resultado do tratamento. Foi assim que, o dia 26 de fevereiro de 2016 ficou conhecido como o dia do meu segundo aniversário. Era hora de renascer.

O dia da cura havia chegado. Calma! Respirei, mas não acabei!

A radioterapia e a sua dolorosa sequela

Os dias iam passando e o meu corpo melhorava. Já não me acompanhava o medo insano de contrair alguma infecção ou gripe, pois as injeções ajudavam a imunidade não cair muito. Por outro lado, a proximidade da radioterapia me assustava um pouco.

O meu médico me encaminhou para a dra. Elisa Sayto, a especialista que iria avaliar, com o maior critério possível, os riscos e benefícios de passar pelas sessões de radioterapia. Marquei a consulta e fui até ela. Ao entrar no consultório, e ver que a médica tinha traços de japonês, já me animei toda. Sabia que estava em boas mãos. Porque, né? A gente pode até fazer as coisas bem feitas, mas tem sempre um japonês que faz melhor. Então isso me aliviava muito.

Dra. Elisa é uma doçura de pessoa e tirou todas as minhas dúvidas sobre como seria o processo e quais as consequências. A irradiação seria na região pélvica e isso poderia afetar os órgãos próximos do colo do útero, onde o tumor esteve. Eu me sentia tensa, mesmo não sabendo de fato o poder que aquela irradiação teria. Foi quando ela perguntou:

– Você já tem filhos?

– Não, doutora.

– Congelou seus óvulos?

– Não, doutora. Eu precisava começar o tratamento muito rápido, não havia tempo para isso.

– Bom, a radioterapia vai secar os seus ovários e você ficará estéril.

Eu apenas meneei a cabeça enquanto tentava absorver aquela informação. A luta contra o câncer me levou ao extremo naquele momento e me mostrava que ele, não apenas ameaçou a minha vida, mas que acabava de me arrancar sem pena, um sonho que também era parte da minha vida. O sonho de ser mãe. Depois de sentir na pele tudo o que a quimioterapia fez, eu descobria ali, que a radioterapia me marcaria de uma forma muito mais cruel que todas as medicações anteriores.

Lá se ia o sonho de ter o meu filho... o meu Pedro, nome escolhido por mim desde quando eu ainda era uma adolescente, pois a certeza de ser mãe sempre me acompanhou. Eu dizia a todos que o meu pequeno, pois só me imaginava tendo um menino, se chamaria Pedro. Agora não teria mais. Pelo menos não saído do meu ventre.

Foi uma sorte o linfoma já ter ido embora, pois eu teria dito poucas e boas para aquela criatura ruim. O câncer não me trouxe nenhuma dor física, mas essa que ele acabava de me causar vinha da alma e parecia não ter cura. Eu sei que o tempo se encarrega de tudo, sei que Deus tem planos, e nós, como pobres imediatistas, costumamos nos adiantar no sofrimento, mas para uma mulher com a vontade que sempre tive de ser mãe, Deus precisaria puxar muito a minha orelha, para que eu engolisse o choro dessa vez.

Apesar de não estar em uma idade tão privilegiada para uma gestação, sempre acalentei a esperança de que até os 45 eu engravidaria.

Sei que muitos podem estar pensando "que besteira, você pode adotar". Sim, eu sei que posso adotar, mas jamais vou saber o que é ter um pedaço meu dentro do ventre, sentir a vida se formando e mexendo na minha barriga, sentir todas as emoções do nascimento, amamentar, ver os meus traços e o do pai se misturando em um rostinho que desperta a forma mais limpa e pura de amor. Para mim, todas essas sensações foram sempre tão imaginadas e desejadas, e agora parecia que alguém enfiava a mão dentro do meu peito e arrancava um pedaço de mim. Era mais uma cicatriz que eu precisava curar.

Tive que me despedir de Pedro, antes mesmo de conhecê-lo.

Saí do consultório de dra. Elisa e fui pra casa. Naquela noite, surfando nas ondas da minha insônia e das lágrimas, pensei: "Não posso me permitir desanimar ou ficar triste. Deus tem sido tão maravilhoso comigo e eu tenho confiado tanto nos Seus planos pra mim. Então, se esse é mais um, será aceito e respeitado. Filho não passa só pelo processo biológico. Filho é gerado no coração e essa capacidade eu tenho. Não há quimioterapia, radioterapia ou qualquer processo complicado que me impeça de amar. Esse poder ninguém pode me tirar." Mais uma vez, marginalizei a tristeza e foquei na alegria da cura. Mentira! Não foi tão fácil assim, mas juro que não me permiti o apego ao sofrimento.

A primeira sessão da rádio já estava marcada, mas antes havia todo um processo. Eles me colocaram numa máquina de tomografia, desenharam linhas que iam da minha cintura até a metade da coxa e cobriram algumas delas com esparadrapos. Aquilo era para marcar a área da irradiação e garantir que a máquina se posicionasse no mesmo lugar todos os dias. Agora, imagine aí ficar com essas marcas durante trinta dias, tendo o máximo cuidado para que não apagassem e não soltassem os esparadrapos. É, meus amigos, a caminhada não foi fácil.

No dia 4 de março, estava eu lá no Hospital Santa Izabel, posicionada em uma maca e com aquela máquina rodando o meu corpo. É tão rápido que parece realmente inofensivo. Quando você pensa que vai começar, já acabou. Mas só o corpo pode sentir o efeito daquela irradiação, meus ovários são provas disso.

As minhas sessões eram sempre à noite, mas fora esse detalhe chato de ter que sair de casa bem tarde, todo o resto era uma alegria. A equipe que me atendia no hospital era muito querida. Começando por Ritinha da recepção, até Matheus, Anderson e Luciano, os técnicos que me irradiavam. Tudo era uma festa e muitas risadas. Todos os dias a gente se divertia, e eu via que ali, naquela recepção, esperando para serem atendidas, havia pessoas que sequer estavam perto da cura, e isso me fazia ainda mais humana e grata, percebia o quão frágil somos e tinha certeza que a vida, definitivamente, agora tinha outro significado pra mim.

Na primeira consulta com dra. Elisa, ela havia dito que seriam 30 sessões, mas na segunda, recebi a maravilhosa notícia que seriam apenas 20. A alegria de arrancar todas aquelas marcas da minha pele e parar de encher a bexiga todo-santo-dia antes da sessão, tomava conta da minha pessoa.

A última sessão foi no dia primeiro de abril. Claro que cheguei lá achando que iam dizer que era uma pegadinha do dia da mentira e que eu faria mais umas dez sessões, mas respirei aliviada quando ninguém fez essa brincadeira de mau gosto. Nesse dia oficial do fim do tratamento, eu também me permiti assumir o meu novo visual. Com uma leve penugem na cabeça, que mais parecia um kiwi – e eu já comemorava tanto como se fosse cabelo –, decidi abandonar os lenços.

Salvador fazia um calor insuportável, assim como foi em todo o verão – período em que me tratei –, e a possibilidade de me livrar daquele pano cobrindo a cabeça e aumentando a temperatura me deixava leve e feliz como uma criança.

Sim, o tratamento havia acabado. Parecia pouco tempo para quem estava de fora, mas para mim, que vivi as intermináveis horas de cada um daqueles dias, pareceu uma eternidade vencida. Sabe férias da escola depois de um longo período de provas difíceis? Sabe passar no vestibular depois de ter estudado como um louco? A sensação que eu tinha passeava por essas, mas era muito, muito, muito melhor. A vontade que eu tinha era de sair correndo e gritando pelas ruas: ACABOU! E, em seguida, viajar para uma praia onde eu pudesse ver o pôr do sol todas as tardes e depois esperar a lua. Mas não fiz nenhuma das duas coisas, por enquanto.

Era hora de voltar para o mundo e encarar a realidade que eu havia deixado para trás quando comecei o tratamento. Afinal, havia entrado no ciclo de cuidados da casa da minha tia e dado um *pause* nos meus problemas lá fora. Até o meu apartamento eu tinha abandonado. Agora precisava colocar ordem geral na minha vida. Antes de saber o diagnóstico, eu estava imersa num mar de pendências, dívidas e cheia de insatisfações. Nada disso poderia continuar.

Não adiantaria ter a cura física se eu voltasse a não dormir direito, pensando em como pagar as minhas dívidas ou não resolvesse todas as outras questões que adoeciam a minha alma. Ainda hospedada na casa da minha tia, comecei a fazer o levantamento de tudo que eu precisava resolver.

Sempre admirei aquelas pessoas com a vida toda certinha, sabe? Documentos regularizados, contas em dia, nome fora do Serviço de Proteção ao Crédito, mas só admirava mesmo, pois fazia tudo ao contrário. A preguiça era uma grande inimiga, em se tratando da minha vida pessoal. Tudo eu ia deixando para depois.

Não vou entrar em detalhes de como resolvi tudo, mas, em poucos dias, regularizei documentos que estavam pendentes e paguei as dívidas que me assombravam. Não, eu não vendi o corpo. Afinal, careca, debilitada e com cara de lagartixa, dificilmente alguém pagaria, né? Mas o que importa é que resolvi de maneira honesta.

Simultaneamente comecei a organizar a minha casa. Era hora de voltar para o ninho. Fiquei meio "desmamada" ao sair da casa dos meus tios. Foram tantos dias sendo cuidada, recebendo tudo nas mãos, que acabei me acostumando com esse carinho todo.

No dia que peguei a minha mala para voltar para casa, não consegui me despedir formalmente ou fazer um agradecimento oficial aos meus tios. Primeiro, porque a emoção bloqueava a voz; segundo, porque aquele era um elo que não acabaria ali. Eu só estava voltando para casa, mas o nosso laço familiar continuaria para a vida toda. Passados alguns dias, de forma leve e descontraída, deixei claro para eles o quanto sou grata por tudo que fizeram.

Na primeira noite que voltei a dormir na minha casa, vivi os mais conflituosos sentimentos. Chorei muito e por vários motivos. Saudade dos meus tios, medo do que estava por vir, medo de voltar a ser sozinha e ter que encarar a vida; era como sair da bolha que me protegia e estar exposta novamente a tudo. Por outro lado, eu mal conseguia esperar para recomeçar, para voltar pra vida, rever as pessoas, ir aos lugares que passei muito tempo sem ir, tomar banho de mar, cinema, pôr do sol, café com os amigos e tantas outras coisas consideradas como simples, mas que agora tinham um valor imensurável pra mim.

Os dias foram passando. E então, comecei a entender, de verdade, as mudanças que o câncer havia feito em minha vida, e eu não estou falando só das físicas. O processo era muito mais profundo.

Fisicamente, eu estava bem. Ainda me sentindo um pouco fraca, mas isso era esperado como efeitos da quimio e da radioterapia. Acontece que a minha aparente tranquilidade começava a ser ameaçada. Eu sabia que a radioterapia havia secado os meus ovários, mas em meio a tanta informação e a notícia de que eu não poderia ter mais filhos, acabei por esquecer algo que chegaria para desestruturar os meus planos de voltar à vida normal.

Comecei a sentir uns calores estranhos. A princípio não duravam muito tempo e tinham pouca intensidade, mas na semana seguinte, o terror havia se instalado. Salvador é uma cidade quente e o verão de 2016 merece os parabéns no quesito superação. Já era abril e os termômetros ainda oscilavam de vinte e oito a trinta e poucos graus. Somado a isso, imagine mais uma carga de uns quarenta graus, subindo no seu corpo e se intensificando por uns bons minutos na sua cabeça. Conseguiu imaginar? Não né? Nem tente, pois não vale o sofrimento, mas era isso que eu sentia.

Com o fim da atividade dos ovários, óbvio que houve uma deficiência hormonal e o meu estrogênio, em queda livre, me levou para o turbulento mundo da menopausa. Era real, eu não conseguia ter uma vida normal com os calores. Não sei se todas as mulheres que chegam a essa fase sentem esse calor na mesma intensidade do que veio pra mim, mas aquilo não parecia de Deus. A impressão que eu tinha, era que havia chegado a hora de prestar conta dos pecados e as chamas do caldeirão do inferno vinham a cada 30 minutos chamuscar minha cara.

Eu não conseguia vestir nada que tivesse mangas, não conseguia ir a lugares sem ar condicionado e vivia me abanando com materiais gráficos de consultórios, panfletos de apartamentos entregues no sinal ou qualquer coisa com consistência de papelão que visse na minha frente. Quando a onda de calor aparecia, não dava pra ficar sem um vento extra. Eu dormia com o ar condicionado em 16 graus e, ainda assim, me abanava a cada 30 minutos. Os braços ainda sem resistência muscular viviam doloridos, e eu já sentia vontade de chorar por não estar conseguindo ter uma vida normal depois de ter passado por tanta coisa.

Sofria por nunca ter prestado atenção, dado importância ou até perguntado como ia a família do meu estrogênio. Sei lá, bater um papo e dar carinho. Tão essencial, tão especial. E só depois de não tê-lo, é que descobri o quanto ele me faz falta. Sim, finalmente entendi o significado do tal ditado "só se dá valor quando se perde". E, se você pensa que a falta dele me dava só calores, mal sabe os outros muitos sintomas que um ovário deficiente desencadeia, mas preferi citar só esse, que era o mais desesperador.

Na segunda semana de fogachos intensos, que eu ainda não sabia que se tratava de uma menopausa fulminante, liguei pra meu médico e disse:

– Ajude-me a descobrir o que são esses calores ou eu vou virar um churrasquinho no espeto.

Ele me pediu para fazer uns exames de sangue e, ao sair os resultados, orientou:

– Procure a sua ginecologista. A sua função ovariana está deficiente.

Bom, pelo menos eu iria ter como resolver, pensei. Marquei a primeira ginecologista e ela, sem me explicar muita coisa, me passou um fitoterápico, pois, segundo ela, já tive câncer e não poderia tomar hormônio.

Diante do fogo no corpo que se apossava de mim, nem preciso dizer que essa medicação não fez nem cócegas, né? Entretanto, depois de alguns dias de desespero, em consenso com o meu médico e outra ginecologista, eles chegaram a conclusão que não haveria problema, pois linfoma não é câncer alimentado por hormônio. E foi assim, fazendo a reposição hormonal, que eu comecei a voltar a ter qualidade de vida.

Não dá para explicar aqui todas as transformações e avarias que o corpo passa depois de um tratamento como o que fiz, mas, acreditem meus amigos, ainda que seja preciso administrar uma falta de hormônio, uma hérnia de hiato, perda óssea ou até a memória ruim, viver supera tudo isso.

Depois que o corpo começou a entender as novas regras de funcionamento, depois que eu pude voltar a usar roupas normais e aposentar os abanadores, já era hora de retornar ao trabalho. Confesso que senti falta de umas férias.

Entretanto, mesmo cansada de tudo, voltar ao trabalho me faria bem para a memória, a cabeça e o corpo.

Recomeçando

Era o dia 5 de maio de 2016 e, quando cheguei na empresa, fui recebida com uma linda e especial demonstração de carinho. Café da manhã, flores e os colegas de trabalho, que são quase uma família, me enchendo de abraços e palavras doces. Inclusive preciso contar que, no período que eu estava me tratando, muitos amigos do trabalho se reuniram, arrecadaram uma quantia em dinheiro e me deram para que eu pudesse comprar uma peruca. Para quem não sabe, as perucas são bem caras. Nem sei descrever o quanto fiquei emocionada com esse gesto.

Eles pensaram em uma das maiores fragilidades de quem passa por um câncer e perde os cabelos; estavam juntos e solidários comigo. Foi uma alegria imensa, não pelo fato do dinheiro, mas por saber que alguma coisa eu fiz de certo para merecer a bondade dessas pessoas. Eu não comprei a peruca, mas o dinheiro teve uma utilidade muito maior. A cada quimioterapia eu comprava muitos remédios e tinha muitas despesas com alimentação e outros suportes como consultas particulares, então esse valor que eles me deram acabou por me salvar. Afinal, arcar com tudo isso estava pesado demais para o meu orçamento. Por mais que os meus tios estivessem me dando todo o suporte, algumas coisas eu não poderia deixar só por conta deles, pois era muita despesa.

Eles entenderam a minha escolha e disseram que, o que queriam, era me ajudar, independente do que eu fizesse com o dinheiro. Quando eu soube que ia ficar careca, pensei mesmo em comprar uma peruca, mas depois que raspei a cabeça, essa ideia mudou.

Primeiro, pelo fato de que aquilo na cabeça deve dar um calor muito grande, na época que senti os fogachos então, morreria carbonizada. Segundo, porque acho lindo quem usa com estilo, mas, no meu caso, que não sou nada "menininha" e não tenho modos para usar acessórios, iria parecer uma criatura desajeitada que acabou de sair da balada com uma peruca torta e cara.

Não, definitivamente não iria dar certo!

Respeito a vontade das pessoas que usam e se sentem bem com as suas perucas, mas depois de toda a batalha que eu passei, comecei a achar que a minha careca era um troféu. Era olhando pra ela que eu podia ver que lutei e venci. Entretanto confesso, sem vergonha ou culpa, que não consegui assumir o visual carecosa, pois me achava com cara de doente. Aderi aos lenços por achar que esteticamente me davam mais uma corzinha, já que eu estava pálida, sem sobrancelha e com olheiras. Abusei dos estampados, coloridos e montava *looks* fazendo *cosplay* de estilosa, moderna e descolada. Era inevitável os olhares quando eu entrava nos lugares, talvez por curiosidade em saber se eu estava morrendo, curada ou sei lá o quê. Mas eu caprichava na maquiagem, nos acessórios e fazia questão de mostrar que no meu olhar tinha o brilho da fé. Quando voltei ao trabalho, o cabelo, que agora parecia um caroço de manga chupado, já estava aparecendo e eu não usava mais os lenços.

Quase todas as pessoas da empresa foram muito queridas e preocupadas em ajudar e saber da minha saúde no meu retorno. Eu fazia questão de tranquilizá-las de que estava tudo bem. O meu ritmo inicial foi bem lento, pois todos os dias, às 16 h, eu já estava muito cansada e inchada, ainda pelos efeitos do tratamento, porém, com o tempo, o corpo foi se adaptando.

Havia muita inquietação em mim. Quando o tratamento acabou, eu queria ser outra pessoa, queria não ter mais preguiça, irritação, impaciência, mas, vez ou outra me sentia tomada por algum desses sentimentos. Comecei a me cobrar muito, pois não admitia que o meu coração tivesse mais sombras. Depois de tudo o que aconteceu, a transformação precisava ser forte e significativa. E foi.

O que eu ainda não entendia é que sim, a transformação foi forte e significativa, isso só não quer dizer que eu passaria a ser perfeita. Continuo sendo um ser humano e, nessa condição, falível. Vou continuar errando, me enganando, me iludindo, me decepcionando, afinal, de outra forma, não seria a vida. A única coisa que jamais será igual é o meu olhar para o mundo e isso já faz com que eu me sinta melhor.

Muitas coisas mudaram radicalmente, como a forma de me alimentar e a preocupação em não comer besteira. Por outro lado, continuava com preguiça de malhar e não podia mais ser sedentária. Aprendi a conviver com os meus cabelos curtinhos e não sofrer por não tê-los grandes como sempre gostei, e entender que tudo tem o seu charme. Por outro lado, continuava com a antiga vontade de comprar roupas, acessórios e maquiagem.

Às vezes ainda perdia a paciência com alguém, mas, em seguida, voltava e revisava o que fez aquela pessoa ser daquela forma, o que ela passou e quais as suas lutas. Eu tentava ser melhor a todo custo.

Não consigo absorver alguém ter passado ou estar passando por um câncer e continuar igual, mesmo que ela seja a melhor das pessoas. É preciso aprender tudo o que a doença quis mostrar. Talvez eu esteja errada, talvez a doença sirva apenas para mostrar a nossa pequenez, o quanto somos comuns, o quanto erramos o tempo todo.

O sofrimento de fato me amadureceu muito, embora eu continue errando, tendo raiva, angústia, tristeza. Só que tudo isso agora é visto por ângulos diferentes.

Muita coisa mudou na minha vida, eu diria que as principais, mas muito da minha essência continua aqui.

Autoestima

Nas minhas conversas com o linfoma, quando ele existia, uma das respostas que eu mais pedia era que ele esclarecesse o motivo de, em todos esses anos, eu não ter acreditado em mim, não ter me achado boa o suficiente para a minha família, amigos, trabalho, amores e para mim. E como sempre, ele respondia me devolvendo a pergunta:

– Talvez esta seja a hora de você perceber que ninguém merece mais o seu amor do que você mesma. Veja bem, você está no período mais delicado da sua vida e então responda a si mesma: Se é tão sem valor assim, por que quer lutar para continuar vivendo? Será que não há um grande amor adormecido por você mesma, bem lá no fundo?

Só que isso eu já sabia, o que eu não sabia era como acordar esse amor dorminhoco, preguiçoso e surdo.

Se existe uma coisa difícil nesta vida para se reconstruir, é a autoestima. Não sei para vocês, mas para mim sempre foi uma árdua batalha. Até pensei que depois do tratamento eu começaria a me ver de outra forma, com mais cuidado e compreensão, e sim, isso até aconteceu, mas chegar ao ponto de reconhecer as minhas qualidades e valores, lá se vão alguns bons metros.

Somos capazes de mudar e reinventar muita coisa na nossa personalidade, mas aquilo que vem enraizado da infância leva muito mais tempo. Às vezes paro para pensar e concluo "que trabalho bem feito fizeram comigo". Pena que não foi para o meu bem, mas que conseguiram me fazer acreditar que eu não era capaz, isso conseguiram!

Nessa fase em que me encontrava, a consciência da falta de autoestima já havia chegado há muito. Mas como incorporar e colocar tudo em prática? Para descrever a minha sensação, faço novamente uma analogia com uma bolha. Era como se eu estivesse dentro dela, enxergando tudo que era preciso fazer, mas impotente para rasgá-la, sair e entrar em ação.

Eu lia tudo sobre como despertar a autoestima, revistas, *sites*... ouvia as falas do padre Fábio discorrendo sobre amor próprio, mas a crosta construída que blindava esse amor por mim era tão duramente forte, que nada disso fazia com que eu me amasse e me aceitasse.

Ficava pensando o quanto é fácil para mim amar os outros e quanta dificuldade tenho para amar a mim mesma, mesmo depois de passar por algo que ameaçou a minha vida, os meus sonhos e os meus projetos. Enfim, como acordar do transe?

A prova de fogo continuava, afinal nem dá para explicar o que é ficar careca para alguém que nunca teve autoestima. Então descobri que eu estava, pelo menos, mudando de fase e algo já começava a quebrar a blindagem dentro de mim.

O meu cabelo começou a crescer e, no fundo, eu achava que estava fofo – olha que progresso –, mas por outro lado, tinha certeza que ninguém me achava sedutora ou bonita. As pessoas estavam elogiando o meu novo visual, diziam que eu estava muito melhor, mas óbvio que eu pensava que falavam isso para me agradar, por compaixão ou qualquer outra coisa, mas nunca me passava pela cabeça que eram elogios verdadeiros.

Na minha busca desenfreada pelo amor próprio, algumas lições chegavam para ficar, e uma delas foi a de que não é legal recusar elogios. Então comecei só a agradecer e nunca mais rebater dizendo que era impressão ou que eu estava feia. O tratamento deixou sequelas e isso é indiscutível. Eu estava sem massa magra, flácida e havia recuperado uns três quilinhos, mas 80% da depreciação do meu corpo era inventada por mim.

Então passei a ser duas mulheres: a primeira, que não se amava e a segunda, que acusava ferrenhamente a primeira, mas não fazia nada para mudar aquilo. Como eu disse, algumas descobertas começavam a ser feitas e uma delas é que a minha vaidade nunca foi para mim ou por mim. O tempo inteiro era só para agradar as pessoas. Às vezes gostava de alguma roupa, mas pensava "fulana vai achar brega", "o ficante não vai achar *sexy*" e por aí ia me norteando.

Certa vez namorei um cara que adorava os meus seios e vivia me elogiando por conta deles, então, nesse período, mudei todo o meu figurino para roupas decotadas no colo. Eu tinha receio de sair com o cara usando uma roupa mais fechada e não receber o seu olhar de interesse. A falta de autoestima faz isso, deixa você viciado em elogios. É preciso toneladas deles para se encontrar alguma afirmação, para se sentir bem, competente e bonito.

Quando essa droga não vem, a abstinência lhe deixa triste e depressivo. Sim, como em qualquer outro vício, você sabe que aquilo está fazendo mal, mas não consegue encontrar a cura. Acontece que sou persistente, e, se antes da minha vida mudar eu deixava tudo para depois, agora as coisas são diferentes e vou em busca das minhas respostas, como bem me ensinou o safado do linfoma.

Em julho, comecei a ir ao encontro definitivamente do meu grande amor próprio. O primeiro passo era cuidar do corpo, não por beleza, mas por saúde. Fui a um nutricionista e pedi que ele passasse uma alimentação bem saudável, e, finalmente, me matriculei na academia. Nenhuma das duas coisas doeu ou me fez chorar, pelo contrário, comecei a ficar muito mais feliz e disposta. O único pensamento que eu tinha era "por que demorei tanto para tomar essas atitudes que só me fazem bem?"

Antes do câncer eu vivia em um mundo quadrado, cinza, pesado, no qual me importava com tudo e com todos, menos comigo. Mas a doença trouxe aprendizado para todas as áreas da minha vida. Caso você seja uma pessoa parecida com a que eu era antes do linfoma, estou aqui para lhe acordar, abrir os seus olhos e fazer você perceber que não deve esperar uma doença, um acidente ou uma dor qualquer para ser alguém melhor. Mude agora!

Fazendo uma autoanálise do que me levou a tanto descuido, esbarro nesse mal que, mesmo com resistência, preciso confessar que tenho: preguiça.

Esse é um pecado capital que carrego nas costas diariamente. A maturidade me fez assumir, a vergonha na cara me faz lutar contra, mas o fato é que ela e eu vivemos em constantes batalhas. Posso garantir que esta é uma questão que também melhorou muito depois da guerra contra o câncer. Temos que tirar disposição, sabe-se lá de onde, desde o momento que é dado o diagnóstico até o final do tratamento. Antigamente, se algum médico passasse um exame de sangue ou ultrassonografia eu levava dias enrolando para fazer. Preguiça de marcar, preguiça de ir, preguiça, preguiça...

Depois do diagnóstico, criei uma disciplina invejável para cumprir os pedidos médicos. Fiz exames chatíssimos, invasivos, procedimentos com sedação e colhia sangue quase toda semana, então a preguiça começou a desapartar de mim.

Outros pontos da minha vida que também eram deixados para depois, por pura preguiça, começaram a ser revistos. Documentações pendentes, pastas desorganizadas, papéis importantes espalhados por lugares diferentes pela preguiça de organizá-los, enfim, em poucos dias, a minha vida burocrática venceu a batalha contra a minha letargia e logo eu tinha uma gaveta com arquivos para recibos de aluguel, luz, água e todas as coisas que eu pagava. O imposto de renda foi organizado por ano e as declarações estavam todas em dia, IPVA quitado, carteira de habilitação renovada, tudo lindo!

O meu armário também começou a ficar mais arrumado. Roupas sempre penduradas, lavadas e divididas nos lugares certos. Ah! Como é maravilhoso o mundo sem pendências.

Todavia, ainda há muito a fazer até que a preguiça me deixe de uma vez por todas.

Esses foram só alguns exemplos simples para mostrar a forma como a minha vida era desorganizada por causa desse acomodamento, mas posso garantir que a preguiça, uma vez instalada, é nociva em todas as áreas da vida. Ela impede que a gente vá em busca dos nossos sonhos, pois dentro da zona de conforto é muito melhor, cerceia a possibilidade de crescermos quando nos impede de estudar, aprender, sair da caixinha. Ela afeta os nossos relacionamentos, pois é cansativo querer ser alguém melhor, pedir desculpas, ir em busca de respostas. Enfim, a preguiça limita e só nos faz menores.

Infelizmente eu não descobri a fórmula mágica para acabar com a danada, mas inventei uma estratégia que tem ajudado muito e me deixado longe dela. Eu pratico a lei do "só por hoje", que funciona assim: só por hoje vou à academia, só por hoje vou sair do sofá e abandonar a televisão, só por hoje vou me dedicar aos meus projetos mais importantes. E assim, vou repetindo o "só por hoje" todos os dias. Sim, é uma ideia "chupada" dos alcóolicos anônimos, mas tem me encorajado a sair da inércia que insiste em se apossar deste corpo aqui e eu decidi que não quero. Não quero e não vou mais permitir que a preguiça seja mais forte do que eu. É aquela coisa, né? A gente enfrenta tanta coisa pior, vai deixar essa preguiça ser maior que a nossa força? Não mesmo.

Amor

Por mais engraçado que possa parecer, além da preguiça, existia mais uma questão que me impedia de tocar a vida pra frente. Era o fato de estar sempre apaixonada, na maioria das vezes por quem não valia a pena, e esquecer de mim, do trabalho, da rotina prática do cotidiano, de negligenciar tudo em função da pessoa que era o centro da minha atenção.

Sempre fui uma mulher que ama demais, daquelas que respira romantismo e pensa na pessoa 24 horas por dia quando está apaixonada. Tentava focar no trabalho, na rotina, mas volta e meia o sorriso de quem pensou no que mais deseja aparecia nos meus lábios. Por outro lado, nunca deixava isso transparecer para a pessoa em questão. Disfarçava, me fingia de "nem aí", e seguia nessa personalidade dupla. Eu era aquele tipo de mulher que, para estar feliz, necessariamente precisava estar apaixonada – mesmo que fosse um amor platônico – e então sempre estava com o coração ocupado.

Quando alguém se mostrava interessado em mim ou até mesmo se dizia apaixonado, podia ser a criatura menos atraente do mundo, podia ser alguém que não me despertava nada, mas eu dava uma chance. Como não? O cara estava interessado em mim, que maravilha! Que coisa linda e preciosa achar alguém que se atraísse por mim! Esses eram os meus pensamentos. Patético, não?

A criatura desprovida de autoestima acha que sempre deve ser escolhida e que nunca pode conquistar. Assim era eu. Vivia um ciclo vicioso de relacionamentos destrutivos que só me colocavam pra baixo, não me acrescentavam nada, mas em troca de um abraço, carinho e uma proteção imaginária, eu aceitava tudo. Poucos amei de verdade, mas, em todos eles, o sofrimento do término era o mesmo. Eu não sabia lidar com a rejeição. Na verdade, um desses finais foi o pior de todos. Sofri tanto quando acabou que comecei a ter medo de amar outra vez.

Você deve estar pensando que esse cara foi o mais perfeito de todos, que me tratava como uma rainha e me amava incondicionalmente. Sinto dizer, mas não era nada disso. Claro que vivemos momentos bons e felizes, mas, na maior parte do tempo, ele era impaciente, distante, insensível e acho que nunca me amou.

Mesmo depois desse relacionamento traumático, continuei resvalando pelos mesmos erros e sofrendo da mesma forma. Já passei noites e noites chorando por quem não merecia sequer uma lágrima, já achei que estava perdendo pessoas "especiais" quando, na verdade, era Deus me livrando de quem não valia a pena, mas a incapacidade de lidar com a rejeição continuava em mim, da mesma forma que, apesar de tudo, a capacidade de amar também. Eu adoro estar apaixonada. É uma sensação tão maravilhosa! A lua parece mais bonita, o sol mais quente. Amar me ajuda a passar por dias difíceis.

Confesso que, até durante o tratamento, consegui nutrir uma paixão. Era secreta, platônica, unilateral e a criatura nem sabia. Mas o simples fato de conversar com ele, ver o seu sorriso e ficar sonhando acordada com um encontro, foi fundamental para não deixar os meus dias tão cinzas. Sentia-me meio adolescente e deixei que esse sentimento doce me acompanhasse naqueles dias tão amargos. Depois essa paixão passou, e, dessa vez, sem dor de rejeição.

O fato é que foi preciso um tranco forte da vida para me mostrar o quanto eu estava esquecendo de mim, o quanto eu estava permitindo ser desvalorizada e violentada. Afinal nem sempre nos agridem com violência física, às vezes a emocional é tão grave quanto, e ela acontece até onde permitimos, pois ninguém tem esse poder sobre nós.

Em um dos piores dias da quimioterapia, em que a fraqueza me roubava até a voz e a capacidade de chorar, em que a falta de ar parecia querer acabar comigo, parei em um momento de lucidez e pensei: "por qual motivo mesmo eu sofri tanto por alguns homens?" Isso aqui sim, é fundo de poço, o resto é besteira. Tenho certeza que nunca mais vou chorar por nenhum babaca.

E essa passou a ser a minha direção sentimental. Não importa quem chegue ou saia, quem nunca deve partir é o meu amor próprio. Não importa quanta falta ou saudade a pessoa vai fazer ou deixar, quimioterapia é bem pior. Basta lembrar disso para aceitar que existem dores mais cruéis.

Sei que ainda tenho muito a descobrir sobre o amor, que ter passado por uma doença dessa não me fez mais sábia que ninguém, que vou continuar me apaixonando, me envolvendo, me entregando e até sofrendo com os finais, mas o que eu nunca quero esquecer, a partir de agora, é que o meu mundo não vai mais girar em torno de ninguém. Quem chegar é que vai ter que se ajeitar nele.

E o futuro?

Depois que o tratamento acabou, todos os dias pela manhã acordo com uma sensação boa de esperança no peito. Mesmo quando tenho algum problema ou preocupação, a vida se mostra muito maior que tudo. Sinto-me tão grata a Deus que às vezes ainda penso: "Será que é verdade?" Mas sei que é, sigo acreditando e vivendo a minha cura dia a dia.

As pessoas me perguntam se vou deixar o cabelo crescer, se já estou apaixonada, o que espero da vida, do futuro... perguntam como se eu fosse uma criança que está começando a vida, e tenho me sentido assim mesmo. Recomeçando. Engatinhando. E como toda criança que só se preocupa com o dia que está vivendo, é assim que tenho seguido. Claro que tenho planos, sonhos, quero me apaixonar novamente, quero ser amada, quero viajar, construir muitas coisas... a diferença é que antes eu focava em tudo isso e esquecia de viver o dia, de perceber as pessoas ao meu redor, de dar atenção a minha saúde física e emocional, de ter cuidado comigo. Agora é diferente.

Nos primeiros dias que descobri o câncer, senti que havia alguma missão para mim. Compreendi de imediato que essa missão seria rever toda a minha vida e o que eu havia feito dela até ali, exatamente como contei para vocês, porém depois de tudo o que vivi, essa missão ficou pequena. Olhar apenas para mim já não era suficiente, eu precisava ajudar outras pessoas de alguma forma. Foi assim que decidi compartilhar toda essa experiência.

Para ajudar quem está passando por um tratamento como o que passei ou alertar quem está apenas passando pela vida como eu passei, e deixar claro que, por pior que as coisas pareçam, é preciso aprender com elas e, quando aprendemos, ficamos mais fortes. Os dias ruins não duram para sempre, nem os bons. Ter fé é o que nos fortalece para passar por cada um deles.

O linfoma foi embora da mesma forma que veio, sem fazer barulho, sem cutucar ou qualquer outra forma de chamar a atenção. Embora o meu corpo inteiro, cada pedacinho, cada célula estivesse em revolução para exterminá-lo, jamais vou saber em qual momento deu-se o seu fim.

Ele trouxe os piores dias da minha vida, mas ao ir embora, transformou essa mesma vida em um lugar muito melhor. O meu mundo que estava um caos, como relatei lá no início, depois do câncer passou a ser calmaria. Ainda não tenho todas as respostas, mas sei que chegarei a elas devagar e aprendendo, pois a vontade já mora em mim.

E quanto a você? Sim, você que leu tudo até aqui e que de alguma forma se identificou em algum momento da minha antiga vida, está disposto a mudar? Não posso sentir a sua dor e os seus problemas, mas sei que todos nós temos os nossos calvários e nenhum é menos importante que o outro, pois cada um sabe o peso que suporta. Só posso dizer que se eu consegui mudar muita coisa que estava errada na minha vida, você também pode. Acredite!

solisluna
editora

Este livro foi editado em novembro de 2019
pela Solisluna Design Editora, na Bahia.
Impresso em papel pólen bold 90 g/m²
na Gráfica Viena, em São Paulo.